现代职业教育高质量发展研究

◎唐红星 唐良跃 胡先云 著

湘潭大学出版社
XIANGTAN UNIVERSITY PRESS

图书在版编目（CIP）数据

现代职业教育高质量发展研究 / 唐红星，唐良跃，胡先云著．-- 湘潭 ：湘潭大学出版社，2024.1
ISBN 978-7-5687-1333-7

Ⅰ．①现… Ⅱ．①唐… ②唐… ③胡… Ⅲ．①职业教育－教育质量－研究－中国 Ⅳ．①G719.2

中国国家版本馆 CIP 数据核字（2024）第 003257 号

现代职业教育高质量发展研究

XIANDAI ZHIYE JIAOYU GAOZHILIANG FAZHAN YANJIU

唐红星 唐良跃 胡先云 著

责任编辑：刘文情
封面设计：张　波
出版发行：湘潭大学出版社
社　　址：湖南省湘潭大学工程训练大楼
电　　话：0731-58298960 0731-58298966（传真）
邮　　编：411105
网　　址：http://press.xtu.edu.cn/
印　　刷：长沙印通印刷有限公司
经　　销：湖南省新华书店
开　　本：710 mm×1000 mm 1/16
印　　张：8.75
字　　数：152 千字
版　　次：2024 年 1 月第 1 版
印　　次：2024 年 1 月第 1 次印刷
书　　号：ISBN 978-7-5687-1333-7
定　　价：60.00 元

前言

随着社会主要矛盾和奋斗目标的转变，社会各领域对技术技能型人才的需求与日俱增。职业教育在社会主义现代化建设进程中有着举足轻重的作用，它是广大青年打开成功之门的重要通道，想要培养出高素质技术技能型人才，这对职业教育的发展道路有了更高层次的要求。

推动现代职业教育高质量发展，需进一步增强其社会认可度和吸引力，要优化职教学生升学就业社会环境，营造促进职业教育发展的良好氛围，加强对职业教育的支持和保障，破除观念、体制、机制阻碍，打通职业教育改革落地“最后一公里”；推动现代职业教育高质量发展，需坚持育人为本，牢牢抓住人才培养这个关键，准确把握职业教育是特色鲜明的类型教育、培养能力的实践教育、面向市场的就业教育，紧扣社会和市场需求，有机融入新技术、新业态、新职业等对职业教育发展的新要求，将职业教育作为培养多样化人才、传承技术技能、促进就业创业的重要途径，着力打造成为高质量的现代化人才输出高地，推动现代职业教育高质量发展。

本书旨在探索现代职业教育高质量发展的实现路径。虽然职业教育已经为大众熟悉，但在就业困难问题日益凸显的今天，促进职业教育的高质量发展、探寻职业教育高质量发展的路径十分重要。该书不仅介绍了现代职业教育相关理论知识和现代职业教育课程的改革，还通过对现代职业教育教学方法的创新研究，为现代职业教育教学方法的选择与运用提供依据。本书针对性地提出了职业教育高质量发展的新趋势，为现代职业教育的高质量发展提供了新的思路。

目录

第一章 现代职业教育理论概述

第一节 现代职业教育的概念

对职业教育问题的探讨应从追问职业教育应该是什么开始。据统计，目前学界对“职业教育”概念所下的定义有30多种。职业教育是一种复杂的人类活动，对职业教育含义的认识必然要经历一个逐步深化的过程。职业教育基本理论问题的研究不是对职业教育现实问题的摹写，而是基于现实的职业教育问题，研究者以自身的理论关怀为实然的问题做出应然的回应。在本书中，笔者从分析职业教育概念的几个“关键词”开始，试图对职业教育是什么做初步的探讨。

一、“职业教育”的几个关键词

“职业教育”用英文表达有四种方式，即“vocational education”“vocational and technical training”“vocational and technical education”“technical and vocational education and training”。国际上关于职业教育的称谓，多年来一直争执不休。

1974年，联合国教科文组织第18届会议在通过的《关于技术和职业教育的建议》中，提出了职业教育所使用的一个综合性术语“技术和职业教育”。1999年4月，在韩国汉城召开的第二届国际职业技术教育大会上又将这一称谓改为“职业和技术教育与培训”，将职业教育和就业培训、在职培训视为一个统一的连续过程。近年来，联合国教科文组织、国际劳工组织、世界银行、亚洲开发银行等国际机构越来越普遍地采用一个广义的概念，即“技术和职业教育与培训”（TVET）。

在苏联，“职业技术教育”专指为国民经济各部门培养技术工人的教育。德国、美国等国家的“职业教育”，泛指除基础教育、普通高等教育、成人继续教育以外的为培养职业能力而进行的教育。在中国，“职业教育”一词最早出现在1904年山西农林学堂总办姚文栋的公文中，“论教育原理，与国民最有关系者，一为普通教育，一为职业教育，二者相成而不相背”，“本学堂兼授农林两专门，即以职业教育为主义”。在中国职业教育发展史上，职业教育的称谓经历了从百工教育、实业教育、职业教育、技术教育和职业技术教育到职业教育的演变。1994年以后，我国将这一类型的教育称为“职业教育”。

从国内外对“职业教育”的称谓来看，“职业教育”概念中涉及四个关键词，即“职业”“技术”“教育”“培训”。为此，理解职业教育必须从其关涉的这四个核心概念的理解开始。

二、“职业”概念解说

（一）从词典释义来看

“职业”一词最早见于《国语·鲁语》：“昔吾王克商，通道于九夷、百蛮，使各以其方贿来贡，使无忘职业。”这里的“职”指执掌之事，“业”是古代记事的方法，把要做的事在木棒上刻成锯齿状，有多少件事刻多少齿，做完一件事就消除一个齿，叫作修业。《汉书·萧望之传》中的“家世以田为业”，

"职业,谓官职及四人之业也"。《辞源》对职业的解释是"泛指所从事的主要工作"。同样,"职业"一词在《辞海》中被解释为"个人在社会生活中所从事的作为主要生活来源的工作"。

(二)从"职业"发展历史来看

在远古社会,人们一起打猎、捕鱼,一起生活,职业概念还未形成。在奴隶社会和封建社会早期,由于产品有了剩余,管理者阶层开始形成,社会职业开始分为奴隶主和奴隶,社会职业数目少。奴隶社会的奴隶和封建社会的农奴被看成是下贱、粗野的,甚至是肮脏的,职业被看成奴隶和农奴所从事的劳动。在工业社会,工作和生活的其他方面开始分离,职业数量激增。特别是随着现代工业自动化的发展,社会分工愈细,职业数量愈多。世界各国对"职业"的认识也各不相同。如英国19世纪中叶后,"职业"是与职业教育相分离的。职业教育是为从事低水平的行业做准备的教育。20世纪80年代以来,"职业化"一词更准确地说是指"行业化"。"行业化"这个词有两种解释:一是为年轻人从事特定行业的工作做准备,而不是为"职业"或一般成人生活做准备;二是用以调节教育的"生产意识",而不是"服务于生产的教育意识",正像在"行为的行业化"一词中的含义那样。意大利马克思主义者葛兰西认为,一方面,工作可以成为一种教育原则;另一方面,产业工人是"未来的统治阶级",因此需要理解他们的工作环境以及工作技能的经济、社会和文化意义。

(三)从经济学意义上来看

从经济学意义上讨论职业的资料比较多。从总体上来看,职业强调与劳动精细分工的密切关系。劳动者相对稳定地担当某项具体的社会劳动分工,或者较稳定地从事某类专门的社会工作,并从中获得收入,那么这种社会工作便是劳动者的职业。职业是人们谋取自身及其所抚养成员生活经济基础的来源。这里所说的经济基础就是生活所必需的物质资料。为获得生活所需的物质资料就必须持有相应数量的货币。在这个意义上讲,职业又是人们为了获得能够购买生活资料的货币所从事的工作。

（四）从社会学意义上来看

法国的职业社会学专家李·泰勒认为，职业是一种重要的社会现象。从社会学的观点可以看出，对于个人来说，职业是人的社会性展现。

综合不同维度职业概念的认识可以得出，无论经济学意义上的定义，还是社会学意义上的定义，或者是职业标准分类法中的“职业”概念，都是对职业功能的不同认识。正如杜威认为的，一种职业只不过是人生活动所遵循的方向。也就是说，职业是人类生活的外在表现。

三、现代职业教育的基本内涵

（一）中国职业教育的现代化探索

从全球职业教育现代化的历史来看，现代职业教育是一种基于现代产业及其技术体系、生产方式的教育类型。中华人民共和国成立后，逐步建立起现代产业与现代企业体系，开始与工业化国家进行交流与合作，中国职业教育开始与先进国家进行全面交流与合作。尽管在此之前有在当时可以称得上现代产业或现代职业教育的存在，但当时中国的现代产业、现代企业的规模十分小，与其相应的现代职业教育也十分微弱，处于萌芽状态。但总的说来，中国职业教育现代化与中国产业现代化相伴而行并逐步发展壮大。迄今已经建立起全球规模最大的职业教育体系，为中国产业的现代化提供了强有力的人才支撑。

（二）中国式职业教育现代化的概念

众所周知，职业教育是与经济社会发展关系最为紧密的教育类型，中国式职业教育现代化是实现中国式现代化的重要力量，也是中国式教育现代化的重要组成部分。所谓中国式职业教育现代化，是具有中国特色社会主义鲜明特质的教育现代化类型。这种鲜明特质是：坚持中国共产党的领导，坚持以人民为中心，坚持为广大人民群众提供公平而全面的教育机会，通过现代化的职业教育促进全体人民共同富裕。中国式职业教育现代化是在创新、协调、绿色、开放、共享的新发展理念引领下的现代化，是从职业理念到职业教育理念、职业教育内容到职业教育行动、职业教育制度到职业教育治理、职业教育结构到职业教育体系的现代化。

（三）中国式职业教育现代化主体的应然属性

中国现代职业教育既肩负着培育掌握先进的职业知识、职业技术、职业技能和富有劳动精神、职业精神、工匠精神的高素质的劳动者的重任，又肩负着培育有高度政治觉悟的社会主义事业接班人的重任。在中国式职业教育现代化过程中，作为主体的人的现代化无疑是其核心内容，为了高质量培育主体人的现代化属性，应具有如下三方面的属性：

其一，新时代的工匠精神与大国工匠使命感。作为中国式职业教育现代化主体的人应具有新时代的工匠精神。究竟什么是“工匠精神”呢？当且仅当我们实地观察他（或她）在生产制造过程中的表现，如聚精会神、精雕细琢、一丝不苟、追求完美，所展现出来的精湛技艺和出自其手的精美作品（产品）的时候，我们才会真正感悟到在优秀工匠身上工匠精神的存在及其力量所在。

其二，创新意识与创新能力。作为中国式职业教育现代化主体的人应具有创新意识与创新能力。我国在由“中国制造”到“中国智造”再到“中国创造”的过程中，需要数以亿计的大国工匠和富有创新精神的发明家的努力奋斗。

其三，绿色意识与绿色技能。作为中国式职业教育现代化中的人应具有较强的绿色意识与绿色技能。在国际交流中，“绿色技能”翻译为“green skills”或“skills for green jobs”。其实，“绿色技能”也称“绿色职业技能”，包括绿色意识、知识、技术、技能、情感、态度与价值观等。

第二节 现代职业教育的基本特征

党的二十大报告提出：“统筹职业教育、高等教育、继续教育协同创新，推进职普融通、产教融合、科教融汇，优化职业教育类型定位。”这就为我国职业教育现代化指明了方向。

由于我国职业技术教育所固有的高度复杂性，实现现代化和高质量发展必须具备系统观念。“头痛医头，脚痛医脚”不仅难以实现现代化，而且还有可能陷入一堆复杂的问题中难以自拔。从我国职业教育改革的现实来看，中国式职业教育现代化至少具有以下几个方面的基本特征。

一、与教育现代化伴随而行

我国的现代化是以人为中心的现代化，教育现代化必须先行。职业教育以培养当下所需要的技术技能人才为基本任务，是教育系统的重要组成部分。离开职业教育现代化，就没有教育现代化；离开教育现代化，也就没有职业教育现代化。普通教育不仅要为职业教育输送合格生源，而且担负着培养职业教育师资的重要任务。早在1926年，我国近现代职业教育的奠基人黄炎培先生就指出：“只从职业学校做功夫，不能发达职业教育”。当前，有些人从狭隘的观念出发，试图与普通教育划清界限，画地为牢、故步自封，将职业教育限制在一个很小的圈子内，这种观念只会让职业教育走上绝路。

二、与产业现代化伴随而行

职业教育不仅是教育系统的一部分，也是经济系统的一个重要组成部分。一方面，产业数字化转型需要职业教育输送大批数字技能人才，促进企业人力资源的结构性转换；另一方面，产业界也为现代职业教育提供必需的技术设备条件，并深度参与职业教育活动。也就是说，产业既是技术技能人才的需求方，也是技术技能人才的供给方。产教融合、校企合作是全球职业教育的共同特征，这是由技术技能人才的实用性、现用性和紧缺性所决定的。我国职业教育改革已经进行了四十多年，一直都是围绕着产教融合、校企合作来进行的。深化产教融合，不仅需要职业院校在教学内容上快速响应产业需求变化，而且需要发挥企业生产资源的教育功能，实现资源效益最大化。在职业院校建设虚拟仿真实训基地是必要的，但应同时在企业建设基于生产现场的产教融合实训基地，二者相互结合才能适应职业教育现代化的需要。当前，最紧迫的任务是打造产教融合的具体载体，优化产业学院和中国特色学徒制的运行机制，打破传统的职业院校“独角戏”模式。

三、与现代科学技术伴随而行

产业实现转型的关键是依靠科学技术创新，职业教育要服务产业转型就必须融入科技进步的环节之中。随着第四次工业革命和新一代信息技术的快速发展，制造业对产业工人和现场技术人员提出了越来越高的要求，与传统的劳动者相比发生了本质性变化，最突出的特征就是增强了对问题解决能力的要求。在这种条件下，需要职业院校与企业共建产教联合体，将职业院校建成企业的“中试车间”，将企业建成职业院校的实训基地，构建教育组织新形态，实现学校人员和企业人员的无界化交流，打破僵化的职业院校人事管理制度。教育内容的改变，给人才培养方案、教学组织、教学方法、教学评价、教学资源等方面都带来了质的飞跃，要求开展新教学生态下的教学研究，形成中国特色的职业教育话语体系。

第三节 现代职业教育的目的与任务

一、现代职业教育的目的

现代职业教育与普通教育最大的不同在于，它应社会的需求而生，与社会形势紧密衔接，打破受教育群体的限制，为社会输送定向技能人才。现代职业教育着重于实践技能的强化和实用性工作能力的培养。让受教育者从学习之初便融入职业规划的明确核心，所以能够在毕业后很快适应社会的节奏。

（一）现代职业教育的目的是使受教育者具备基本的社会竞争力

现代职业教育包含目的性极强的专业课程，职业技能实践是学生的主要学习方向。职业技能是和当前社会职业需求相适应的，因此，获得职业技能对于受教育者来说是最具实际价值的。学生通过在校学习不但能够获得学历文凭,还有机会考取对自身职业极有帮助的技术资格证书。这是对学生的专业认可,也是社会对职业技术人才的需求体现,当前,我国的职业教育也在快速发展中。与知识型教育相比,现代职业教育的表面优势并不明显。但是职业技能人才的社会竞争力却并不弱,这有赖于专门化的现代职业人才培养计划,因为职业技能能够让受教育者谋求生存。

(二)现代职业教育的目的在于提升就业能力

毋庸置疑,现代职业教育为地区经济和文化的发展做出过突出贡献。职业教育具有专业指向性强的特点,不少职业教育机构与企业还有着定向挂钩关系。无论是哪种教育形式,学校与学生的目的都是为顺利就业积累能力和经验。现代职业教育将就业问题列为教育目的的重点,就是从“以人为本”的教育思想出发,尽可能地使每一位学生都拥有更好的就业前景,让学生能够从职业技能的学习中看到未来,感受到职业教育精神。突出的就业能力和社会适应能力不但为职业技能人才铺设了正确的职业方向,也为现代职业教育增加了实际意义。

(三)现代职业教育的目的在于使综合劳动技术教育走向大众化

全面发展型人才的造就必须依靠综合劳动技术教育,也就是职业教育。现代职业教育有一大优势是别的教育形式没有的,那就是打破教育限制。将接受职业教育的对象扩展到尽可能广的人群。由于职业教育门槛低、教育模式灵活,所以无论是以学历划分的中等、高等职业学校,还是以培训技能为重点的社会职教中心、短期岗位培训等教育模式,都能够满足社会各界、各层次人群的需求,让现代化人才的概念变得更加多元化、具体化。

(四)现代职业教育的目的在于提高技能人才的素质

高技能人才的素质体现在专业多能的技术知识基础和健康的职业心理。因此,现代职业教育将专注于技能培训层面的教学内容导入更具内涵的深度教育,这就能够为学生树立正确的职业道德观,对职业和专业的深度认知和充分理解，能够助益于职业者养成良好的职业操守和道德品质，这是现代职业教育素质课程的重点与教育宗旨。相对于紧凑繁重的高等教育，现代职业教育也将更多的时间花费在学生的心理变化和兴趣成长方面。因此，现代职业教育也在向个性化、全面化的素质教育方向发展。

二、现代职业教育的任务

（一）突出类型教育特色，优化职业高等学校结构布局

目前，我国初步建立了由高职（专科）院校、本科层次职业学校、研究生层次职业教育纵向贯通的高等职业教育体系。2020年全国有高职（专科）院校1468所，本科层次职业学校21所，共占全国普通高校的54.38%，职业教育占据了高等教育体系的“半壁江山”。尽管在发展规模和速度上取得了突出成绩，但面对构建高质量职业教育体系的新使命新任务，高等职业教育在办学方向和结构布局方面还存在一些问题，需要加以解决。

（二）完善办学体制机制，积极鼓励企业和社会力量办学

当前，职业教育宏观层面建立了分级管理，地方为主、政府统筹、社会参与的管理体制，学校层面建立了以理事会（董事会），教职工代表大会等为核心的内部治理体系。同时，高等职业教育形成了政府主导、行业指导、企业参与的办学机制和管理运行规则，探索创新了校企合作办学、集团化规模办学、股份制合作办学等多样化发展模式。

（三）创新开放育人模式，深化产教融合、校企合作

近年来，我国高等职业教育为经济社会发展提供了有力的人才支撑，职业高等学校毕业生逐渐被社会各界认可，一大批技术技能人才已经成为支撑各行各业稳步发展、产业结构转型升级的主力军。在现代制造业、新兴产业中，每年新增劳动力大部分来自职业院校。但是，面对促进产教融合校企合作育人的新趋向，高等职业教育人才培养供给与产业需求“两张皮”问题仍然存在，产教分离堵住了高等职业教育改革发展的“命门”，

面对新技术、新业态、新产业为特点的新经济，职业高等学校和企事业单位的长效合作机制没有建立，深度融合、全程参与存在制度性障碍。

（四）扩大优质教育资源供给，促进职业高校内涵式发展

我国职业高等学校数量和在校生数量体量巨大，但规模大并不代表着质量高。促进经济社会高质量发展需要更多优质职业高等学校和更多高素质技术技能人才，我国发展现代高等职业教育仍有较大拓展空间，面对高职扩招三年行动计划和国家职业教育改革实施方案的实施，加快构建现代高等职业教育体系需要逐步扩大优质教育供给，促进学校内涵式发展。一是分类扩大不同层次、不同类型的优质高等职业教育资源供给。加快落实“现代职业教育质量提升计划”，支持建设一批高水平高等职业学校和高水平专业，为培养国家发展急需的高素质、多层次的技术技能人才发挥示范引领作用。推动一批地方普通本科院校向应用型高校转型，稳步推进本科层次职业教育试点，持续扩大本科层次技术技能人才培养规模，鼓励引导独立学院联合高职高专资源转设为本科层次职业学校，拓展更多类型的高等职业教育资源。二是推进分类考试招生制度和“1+X”证书制度试点改革。面对生源结构多元和服务对象多样化现状，不断完善高等职业教育考试招生制度，改进“文化素质+职业技能”的考试招生办法，构建“多样化评价、多元化录取、多渠道入学”的考试招生体系。把毕业生的职业资格证书与学历学位证书紧密结合，建立权责明确、分工合作的证书管理体系，发挥行业协会在职业资格鉴定中的主体作用，鼓励支持多方主体参与职业技能认证课程开发和人才培养工作。三是加强职业高等学校“双师型”教师队伍建设。鼓励职业高等学校自主聘任有丰富实践经验，高素质技术技能人才担任专兼职教师，推动企业工程技术人员和职业高等学校教师双向流动交互挂职锻炼。在职业高等学校中推广学校和企业“双导师制”，全程参与人才培养环节。以质量提升为主线，推动职业高等学校教师队伍、教学内容、教学方式改革，大幅提升技术技能人才培养能力。

(五)加大投入保障力度,形成高质量发展的强大合力

面对健全经费投入机制,教育提质扩容的新要求,加快发展现代高等职业教育在战略地位、经费投入、社会资本进入等方面仍有痛点,各地对高等职业教育的战略地位重视程度不一,有的省份财政统筹力度不够,地市级财政保障不足,职业教育经费投入不到位,社会公众对职业教育的认识偏差仍然存在,“崇尚一技之长、不唯学历凭能力”的社会氛围还没有形成。

加快构建现代高等职业教育体系需要拓宽经费筹措渠道、营造全社会支持职业教育大发展的良好氛围。一是明确并有效落实各级政府责任,加大制度创新和政策供给。将职业教育纳入区域发展和产业发展规划,准确预测把握经济社会发展对多层次、多类型人才的需求,推动职业高等学校布局和专业设置与区域产业结构同步调整。加大政策扶持力度,改善职业高等学校毕业生就业创业环境,提高人才待遇保障,尊重技术技能人才培养和发展规律,吸引更多高技术技能人才投身职业教育。二是深化高等职业教育经费投入机制改革。稳步增加中央和地方对高等职业教育的财政投入,建立与办学规模、培养成本、办学质量等相适应的经费投入制度。切实落实职业高等学校生均拨款标准和制度,有效覆盖非营利性民办职业院校,并根据当地财力和经济社会发展实情逐步提高拨款水平。健全职业高等学校筹融资机制,改善社会资本进入高等职业教育的意愿和能力,利用社会力量和市场机制把高等职业教育办好做大,进一步突出改革和绩效导向,注重优化教育支出结构,加大教育经费统筹力度,整合优化经费使用方向,新增教育经费要向高质量职业高等学校倾斜,向高等职业教育改革举措多、效果明显、贡献突出的地区倾斜,向人才培养关键环节和教师队伍建设倾斜。三是推动社会各方形成推动职业教育高质量发展的强大合力,加快培养经济社会发展急需的各类技术技能人才;引导全社会树立劳动光荣、尊重知识技术、尊重改革创新的观念,畅通职业发展通道,让更多有志青年可以凭一技之长创造出彩人生。

第四节 现代职业教育的地位与功能

一、现代职业教育的地位困境

(一)社会对职业教育认识不够

由于中国社会一直存在鄙夷体力劳动的观念,认为“学而优则仕”,人们对于职业教育的重要作用的认识并不深刻,也许认识到了职业教育的重要性及职业教育的重要地位,也了解技术技能人才对整个社会所起的作用,但仍然认为职业教育属于一种“低层次教育”“流教育”“末流教育”。中等职业教育是考不上高中的人的“收留所”,高等职业教育是考不上大学的人的“避难处”,将来他们就业择业必然低人一等,这是职业教育的“低层次观”。还存在一种“淡化观”,即认为职业教育开设的目的只是缓解高中阶段升学难、高等教育阶段就业难的现状,学生、学校本身基础就差,所以职业教育本身不重要。

(二)经费投入不够,政府支持力度不够,企业参与积极性不高

我国职业教育经费投入主要依靠国家财政性投入和事业性教育经费投入。职业教育相比较于普通教育,培养的是应用型技术人才,教学中实践性突出,需要大量的实训基地、设备以及“双师型”师资支撑,成本自然高于普通教育。然而,现实情况是,职业教育财政投入远远低于普通教育,政府对职业教育的财政支持明显不足。政府大力提倡社会力量介入职业教育来推动职业教育办学,将职业教育推向市场,要求职业院校自负盈亏。这样,职业教育在经费配置上自然处于劣势地位。另外,参与职业教育的企业获得国家补贴的资金少。同时,企业培养的人才具有外部涉猎性,即学生在企业里接受了知识、技能的培养,转而被其他企业挖了墙脚,企业在学生身上的收效不大,因而,企业的积极性不提高。

(三)法律制度层面职业教育边缘化,顶层设计不完善

1996年颁布的《职业教育法》是我国职业教育发展的一个重要里程碑,该法提出“职业教育是国家教育事业的重要组成部分,是促进经济社会发展和劳动就业的重要途径。国家发展职业教育,推进职业教育改革,提高职业教育质量,建立、健全适应社会主义市场经济和社会进步需要的职业教育制度”,明确了职业教育发展的方向。2002年国务院印发了《国务院关于大力推进职业教育改革与发展的决定》,提出“推进职业教育的改革与发展是实施科教兴国战略、促进经济和社会可持续发展、提高国际竞争力的重要途径,是调整经济结构、提高劳动者素质、加快人力资源开发的必然要求,是拓宽就业渠道、促进劳动就业和再就业的重要举措”,明确了新时期职业教育发展的主要任务;2014年国务院印发了《关于加快发展现代职业教育的决定》,2014年国家六部门组织编制了《现代职业教育体系建设规划(2014—2020年)》,提出了“要形成适应发展需求、产教深度融合、中职高职衔接、职业教育与普通教育相互沟通,体现终身教育理念,具有中国特色、世界水平的现代职业教育体系”。以上是自改革开放以来有着重要意义的有关职业教育的法律政策,体现了国家对职业教育的重视,职业教育的地位越来越重要。

然而,我们应该看到的是,到目前为止,严格意义上的职业教育立法仅一部,且缺少操作性的配套法规。从1996年制定《职业教育法》到现在,从国家层面而言,职业教育在法制化进程、制度创新程度、经费投入、体系的完善性以及基础能力建设等方面,均有被边缘化的倾向。虽然出台了一些具有时代特色的政策法规,但这些政策法规力度仍然不够,很多仍然具有模糊性,部分地方操作性不强,法律监督机制仍然不完备,尤其是产教融合中各方的主体地位、责任义务、权利、考核评定标准仍然缺失。

(四)普通教育与职业教育沟通不顺,职业教育毕业生认可度不高

社会大众对职业教育不太认同,一个重要的原因是职业教育毕业的学生缺乏晋升通道。普通教育设有“学士、硕士、博士”学位,而职业教育却

没有独立的学位制度。这在一定程度上导致社会对职业教育的认可度不高,使人们认为职业院校培养出的学生综合素质水平低下,因此学生宁愿选择较差的本科,也不愿选择去比较好的职业院校学习。

另外,职业教育与普通教育融合的体制机制也没有形成,职业院校要求学生毕业时拿到毕业证书和职业资格证书。虽然职业资格证书可以打破学生进入职业世界的壁垒,但对于想进一步升学的职业院校学生来说,尽管有专升本途径,但专升本的政策对他们有地域、专业报考、学校选择等种种限制。目前中国职业教育体系相对不完善,中职、高职学生虽然与普通高中、普通高等学校学生人数相差无几,但缺乏畅通的升学路径。

二、现代职业教育的功能表征

教育现代化是社会现代化的组成部分,职业教育的现代化又是教育现代化的重要组成部分。《国家职业教育改革实施方案》也明确指出,“没有职业教育现代化就没有教育现代化”,而职业教育现代化的标志就是职业教育的现代性。

(一)促进现代人的主体性发展与完善

人的主体性是人在其特有的生存实践活动中所激发表现出的积极、主动、自主以及创造等能动特性。人的主体性发展是教育现代化的价值追求,也是教育现代化的外在表现。同样,职业教育的现代性也首先表现为促进人的主体性发展方面。马克思主义认为,人是一切社会关系的总和,人是生产力发展的第一要素,人的现代化是社会现代化过程中的关键因素。在人的现代化过程中,人的主体性发展是其典型特征。而人的主体性则集中表现为人的自主、自由、理性和创造。现代教育,包括现代职业教育只有不断帮助和完善人的主体性发展,才能体现其现代性价值。

(二)推动现代社会职业伦理发展与职业社会塑造

工业革命初期的职业教育更多地倾向于培养和训练熟练的技术工人,突出技术技能的要求,这是由当时的机器大生产和技术工人短缺的客观现实决定的。随着工业现代化进程加快和社会全面进步,人们的工作生活样态和价值追求等都发生着巨大的改变，特别是职业的专门化和专业化，日益成为现代社会的重要特征和结构要素，不断促进人与职业的结合和融合，“职业人”成为现代社会人的重要标志。现代职业教育不仅在培养技术技能型人才方面表现出突出优势，而且在职业人才培养方面也发挥着重要的作用。

职业伦理和职业精神的培养是现代职业教育的核心内容，也是现代社会对职业教育的客观要求。纵观20世纪中期以来世界职业教育人才培养定位的改变，可以看出一个明显的变化，那就是从专注技术技能型人才的培养逐渐转变为“专业技能+核心能力”的综合型人才培养，不仅强调技术技能的培养而且更加重视通用能力和职业精神的培养，人才聘用更加看重的是员工的伦理道德品质和职业精神，这恰恰是以职业划分为显著特征的现代社会对人们的基本要求。

（三）推进社会公平与经济可持续发展

纵观职业教育的发展历史，兼顾社会公平与经济效率一直伴随其中。随着社会进步和经济发展，不同国家根据不同时期的教育与经济诉求，对职业教育的社会公平与经济效率功能取向也在做着不断的选择和调适。工业革命之初职业教育的产生和发展，既源于机器大生产对追求生产效率的强大推动，又受到底层大众对于追求自身教育权利的强烈诉求的影响。在当时工业革命的社会大背景下，职业教育所表现出的对经济效率的追求更为明显。这种对经济效率和经济功能的追求是一种主动的经济发展诉求，而顾及底层民众教育权利的诉求则是迫于民众主体意识的觉醒。正是由于职业教育产生之初这种利益诉求和价值诉求的不同，导致其后的职业教育发展明显地突出了对职业教育经济价值的追求，并一直影响至今。

在现代社会，职业教育从来就不是单一的教育事件，它不仅较大程度上影响和决定着社会经济的发展水平和效率，也密切联系着大众权利和国家政治，体现着社会公平和政治民主。正如在18世纪的瑞士，裴斯泰洛齐就因不满苏黎世政府否认农民公民权的不平等制度而前往农村，开办启蒙大众的职业学校，为底层民众争取受教育的权利。在知识经济和科学技术快速发展的今天，技术技能的掌握和应用日益成为人们应对工作和生活的需要，接受技术技能教育和培训日益成为人们生活的常态，尤其对于那些贫困地区和贫困人口而言，获得接受职业教育的机会，掌握一技之长，便能够帮助他们获得一定的经济收入，改善生活状况。

第二章 现代职业教育高质量发展的基础

第一节 职业教育发展质量指标的分析

一、职业教育质量的界定

(一)关于质量内涵的典型观点

如何给质量下一个学术性定义？这确实令国内外专家学者们伤透了脑筋。其根本原因在于:质量是一个多维度的、相对的、动态的、发展的、情境化的开放性概念。因此,想要给出一个独特的能够满足所有情况或条件的定义几乎是不可能的事情。但是学者们发现从一些重要特性去认知质量是可能的,并取得了一些重要研究成果。

欧洲职业培训发展中心(CEDEFOP)的报告《欧洲职业教育与培训中的质量问题和趋势》将质量界定为:①质量即卓越,是一种特别的东西。②结果导向的质量是可以被测量的。③质量即实现顾客期望。④过程导向的质量是与规格一致的。⑤质量就是数量化的价值或收益(增值),并从多学科视角进行了进一步解读。从教育学视角来看，如教学和培训效果、适当灵活的学习和补偿计划等问题，职业教育质量就是教学过程的最优化；从宏观经济学的视角来看，考虑到教育与培训的投资回报率问题，职业教育质量就是职业教育成本的最优化；从社会学视角来看，如为弱势群体提供平等的教育机会的问题，职业教育质量是最大程度地回应社会对职业教育的需求；从顾客满意度的视角来看，职业教育质量就是最大化地满足顾客（学生、家长、雇主）的职业教育需求；从管理学的视角来看，根据全面质量管理的思想，职业教育质量就是职业教育组织和过程的最优化。

美国学者E·格威狄·博格（E.Grady Bogue）和金伯利·宾汉·霍尔（Kimberely Bingham Hall）根据学者菲利普·克罗斯比（Philip Crosby）提出的“质量是对要求的顺应”的定义，将教育质量界定为“质量是在共同可接受的有关问责的和整体性的标准范围内对任务描述和目标结果的顺应”。这个定义的特点在于：一是它尊重并肯定了不同教育机构使命的多样性，以及它们各自的贡献。每所学校都有各自的优势，不可使用单一因素的质量测验来评判所谓的质量。二是它要求一个具有操作性的关于使命和目标的表达方式。三是它把争论的焦点放在目标上，即教育机构试图做什么的问题上。四是它鼓励了教育机构向公众公开他们的使命、目标以及执行结果。五是包含一个道德检验，这涉及教育机构的诚信问题。总而言之，这个定义肯定了个人和教育机构存在各种各样的卓越表现，不管是大学还是职业院校各自肩负着不同的使命，都具有培养高质量学生的潜能和服务社会发展的使命。

（二）关于职业教育质量的初步理解

基于上述分析，我们认为职业教育质量的内涵应当体现如下价值观和准则：①职业教育质量的着眼点是服务性，应明确职业教育服务对象，提升服务能力；②职业教育质量的应然要求是预测和满足公众对职业教育的需求和期望；③职业教育质量的抓手是识别和改进职业教育质量的变革过程及系统;④职业教育质量的保证是建立基于领导力的、能力本位的和参与型的职业教育管理机制;⑤职业教育质量的落脚点是运用反馈机制和统计方法或工具,建立基于职业教育事实识别的问题解决系统;⑥职业教育质量的逻辑起点应是高质量的技术技能型人才的培养。

二、职业教育质量指标的内涵

(一)质量指标的内涵

根据学者范登伯格(Vanden Berghe)的界定:质量指标是指有助于一个质量特征进行评价或者实现质量目标的数值。作为绩效指标的组成部分,从考察的内容上来看,有时质量指标与绩效指标范围具有一致性,界限模糊。质量指标与描述性指标、管理与政策指标、绩效指标等密切联系,因此,在这里需要强调几点:质量指标仅仅是全面质量体系中的一小部分;质量指标仅仅是表示质量特征的许多指标中的一种;一些质量标准、规范或准则可以作为质量指标本身;一些质量目标可以以特殊的质量指标数值形式进行表示(比如质性的)。需要注意的是,质量指标并不能完全代表一个质量体系或质量标准,它们只是一种有助于评价进而促进质量的工具。在职业教育中质量指标主要用于监控和质量改进。

欧洲教育、就业和劳动力关系总署(Department of Education, Employment and Workplace Relations)从质量评价的视角指出:质量指标并不直接测量质量本身,而是可以支持质量改进的工具。质量指标犹如“指针”或“旗帜”,指出需要调查的潜在问题领域,而深入仔细的调查是质量评价过程的起点。

基于上述分析,我们尝试性地提出职业教育质量指标的概念,即职业教育质量指标就是用一定的数量概念来综合反映实现职业教育质量目标的状况。该数量概念可以是绝对数,也可以是相对数或平均数,还可以是表示一种数量对比关系等。当然这个指标是动态的、变化的。由于指标的体系、口径及其他条件的不同,职业教育质量指标的内涵也会有所不同。我们知道,现代质量运动重视对质量目标和标准的清晰界定以及对达到的质量等级的度量。度量过程并不作为目标本身,而是作为一个质量保障与持续改进的工具和手段。因此,质量指标的精心设计是至关重要的。科学规范的质量指标能够提供质量保障机制有效性的证据;能够准确指出需要进行质量改进的领域;能够按照一个有效的和高效的方式应对问责性要求,不需要依赖过度监测和控制。对于职业院校而言,质量指标有助于内部质量(绩效)进行有效监控;有助于评估和评价职业院校的运行状况;有助于为外部质量评估提供可靠信息;还可以为政府问责提供信息来源。对于政府层面而言,质量指标有助于确保对职业教育公共资金的问责;有利于提高职业教育质量;可激励不同职业院校之间的竞争;可作为审核新建职业院校质量的基准;有助于明确政府和院校之间的权力;以及便于对本国职业教育的整体实力进行国际比较。

(二)职业教育质量指标的设计原则

为使职业教育质量指标科学规范、保证一定效度和信度,其设计应遵循一定的原则。一是质量指标的目的必须予以明确界定;二是质量指标应涵盖职业教育体系所有关键质量因素;三是质量指标有聚合关联度(不能太高也不能太低),即指标的互斥性与整体性;四是质量指标是一个最重要的测量过程或输出的质量维度的方法;五是高程度的比较性(不同时间、跨单位),通过质量指标可以对不同职业院校的教育质量进行区分;六是质量指标的数据是可采集的、容易加工的和节约成本的;七是质量指标是有效的、经过测试的;八是质量指标的数值是可靠的;九是质量指标可以被明确地解释并且它们的含义不容易被操控(产生误解);十是使利益相关者(管理者、师生、家长、学校、政府、企业等)或质量评价对象能够接受这些指标。

第二节 现代职业教育毕业生培养

一、现代职业教育的培养目标

随着经济社会的快速发展，职业技术教育在增强人才类型的多样性、促进某些职业知识与专业技能的代际传递、减少贫困等方面发挥着越来越重要的作用，对我国经济发展与社会建设有着不可或缺的作用。因此，我们要以全新的视角来看待飞速变化的社会对职业技术人才的新要求，也就是现代职业技术教育的培养目标，对其进行全面系统的探究是十分必要的。这不仅有利于遵循我国职业技术教育学发展的历史逻辑与内在规律，更有利于构建适合我国国情的职业技术教育学。

（一）职业教育要培养具有“关键能力”的技术技能型人才

1.工匠精神

“工匠精神”对于从业者来说是个人进步和发展的内部驱动力。它能使从业者自发地激励自己追求卓越、精益求精，对自己的职业充满尊重、敬意与热爱，并专注于自己的事业。职业技术教育培养的人才将来无论从事什么样的职业，良好的职业道德和工匠精神都是其必备的素养。职业技术教育要强化学生的工匠精神，这将有助于扭转当前很多传统技能和技艺失传的局面，使高素质劳动者的优秀传统不断传承下去。

2.终身学习意识

学生要对以学术性为主要特征的学科进行终身学习，要对新知识、新概念进行深入理解和剖析，从而不断更新已有的知识结构。随着社会的进步，科学技术日新月异、迅猛发展。职业技术教育也必须紧跟科技时代的脚步前行。这就要求每一个职业技术教育的工作者或学习者，必须树立终身学习的意识，将这种意识内化于心，外化于行。只有这样，职业技术教育的工作者或学习者才能真正快速地适应各种新科技的发展，成为真正意义上的“学习型公民”。

3. 职业知识与技能

2010年以来，职业技术教育迎来了机遇与危机并存的时刻。一方面，国家出台的一系列利好政策，催生了一大批有高度、有深度的理论成果，使职业教育研究与实践的联系更为密切；另一方面，新时代“双一流”建设以及一级学科点的统筹审核遮蔽了作为二级学科职业技术教育学的特色发展，职业技术教育学面临空前的发展危机。在这样的形势下，“技术”的支撑对职业教育的发展有着关键性的作用。因此，职业技术教育要突破壁垒，冲出当前的桎梏，实现培养一批具有高知识、高技术水平的职业工作者的目标就显得尤为迫切。

（二）实现职业教育培养目标的路径与方式

1. 充分调动企业的力量，实现工学结合、校企合作的办学模式

在我国职业技术教育的实施过程中，学生得到实际锻炼和动手操作的机会都是十分有限的。职业教育要走出这样的困境，除了依托国家层面的经济与政策扶持外，另一条路径就是依靠企业的力量，获得企业经济和资源的支持。国家层面与职业教育自身的努力双管齐下，通过政策激励和学科本身的宣传与吸引，学校可以调动社会企业办学的积极性，用合同制的方式来加强校企之间的合作。校企合作，即企业提供学生实习场地以解决实践机会和资源不足的问题，学校提供定向计划为企业保证专业技术技能型人才的输出。这种双向合作的运行机制，使学校、企业和学生三方都受益。

2. 打造“专师”+“技师”的“双师型”教师队伍

“双师型”即学生在学习职业技术过程中，接受来自学校的专业知识教师以及企业的技能技术教师的双重教育。关于“双师型”的内涵界定，业内说法不一。有很大一部分学者认为，它是指“既精于学术研究又善于指导实践、既能讲授专业知识又能开展专业实践的复合型教师”，中国若想真正打造这样一支教师队伍，对于如今的职业教育现状来说，有些强人所难了。因此，目前的权宜之计，就是由学校的教师教授书面的理论知

识，再由企业的技师指导实际的操作实践，这样双面落实职业教育的教学内容。这种策略既有利于促进校企合作教学，又有利于对教师实践能力的培养，为日后打造知识与技能兼备的复合型教师打下基础。

3.学习借鉴其他国家的先进经验

世界职业教育发展过程中，德国是职业教育最为先进和完善的国家。德国的职业教育最为出色的地方在于它以双元制为基本模式，而双元制最为出色的地方就是注重理论和实践的结合。与我国现行的偏重系统理论传授的职业教育教学相比，双元制则是以社会职业岗位的要求为培训目标的。因此，双元制所培养出来的人才，更受企业的欢迎。同时，这也大大激发了企业与职业学校共同合作，以培养企业所需专项人才的积极性。因而，德国的双元制职业教育是"教、学、做"的有效结合，为德国企业培养了大批有用人才，推动了德国经济的快速发展。因此，我国的职业教育也应该构建以工人技术等级考核标准为培养目标的并与之相适应的教学大纲和教学内容的教育体系，来对我国职业教育教学进行改革。

二、当前职业院校毕业生的就业现状

（一）就业率虽然逐年升高，但是就业压力仍旧很大

当前我国职业院校毕业生的就业率是逐年上升的，且其就业增长幅度都要大于普通高等教育下的本科或者研究生。但是从整体的职业院校毕业生就业情况来看，还是有着很大的就业问题和就业压力。之所以如此，很大的一个原因就是，虽然工作岗位在增加，但是受到高等职业院校大幅度扩招的教育政策的影响，每年毕业的学生数量也在增加。造成职业院校毕业生就业压力大的另一个原因，还在于各个行业、企业在人员招聘时存在明显的偏向。一些职业院校的毕业生就能够胜任的工作岗位，用人企业往往要求应聘人员有本科学历甚至是研究生学历。

这种情况使得原本就因为国家的职业教育定位而在就业市场中处于劣势的职业院校毕业生面临着更大的就业竞争和就业压力。虽然面对当前的就业压力，越来越多的职业院校的毕业生倾向于选择自己创业，但是

这一就业观念的转变,并没有从实质上改善和解决职业院校毕业生就业困难、压力大的问题。

(二)职业院校毕业生就业情况存在明显的结构化差异

在职业院校毕业生就业形势普遍严峻的背景下,不同地区、不同学校以及不同专业的毕业生的就业情况还存在着结构化的差异。一是毕业生的就业情况呈现地域性差异。在东南沿海经济较为发达的地区,虽然对于职业院校毕业生有着更高的职业能力要求,毕业生之间的竞争也很大,但是其就业市场明显比中西部地区要大很多,学生有更多的机会和选择。二是院校毕业生的就业呈现学校、专业性差异。不同类型的职业院校、不同的专业,对于学生的就业有着很大的影响。教育主管部门直属的职业院校,拥有更多与企业接触、为学生推荐岗位的资源和机会,其毕业生的就业情况明显好于普通民营职业院校。此外,受到经济发展方向、科技发展趋势的影响,一些热门行业对口的专业,其就业形势以及职业发展都明显好于一般的专业。

三、职业院校学生职业能力培养

(一)建立以学生职业能力为核心、就业为导向的人才培养体系

要想有效改变当前职业院校毕业生所面临的就业问题现状,首先学校在学生的培养方案制定以及课程体系设置上,就要以学生的职业能力为核心,以学生的就业为导向。以学生职业能力为核心,已经成为现代职业教育规划的基本理念。由于职业教育在我国的定位,职业院校学生在就业的基本条件上就弱于普通高等院校的学生。

但是学历只是就业的敲门砖,真正核心的竞争力还在于学生的职业能力和综合素养。因此,在学历上的差距无法避免,那么就应该从学生的能力以及和岗位的匹配性上下功夫。

职业院校在专业设置时,要充分响应当前市场和行业发展的趋势,着重培养社会需求大的人才。而在课程体系设计时,职业院校应该着重发

挥职业教育的优势，进一步加强教学实践、实训，更高效地锻炼学生的职业技术应用能力，提升学生的综合素养。

（二）有效加强校企合作与联合培养，为企业进行人才的“量身定制”

职业教育最直接的目标，就是要为企业输送综合能力强、能够快速进入工作状态、快速胜任工作岗位的应用型人才。而当前普通高等教育所面临的一个很重要的问题就是其教育和社会实际需求之间存在很大的差距。为此，要想加强职业院校学生的职业能力，改善其严峻的就业形势，职业院校应该全面发挥职业教育原有的优势，有效加强校企合作，通过企业的提前介入，确保所采取的人才培养方案和培养方式所培养出的技能应用型人才能够和企业需求现状实现“无缝对接”。为企业直接进行人才培养的“私人订制”方案，必然能够最大程度地满足企业的实际用人需求，从而促进职业院校毕业生就业形势的显著改善。

四、职业教育毕业生的岗位胜任力培养

毕业生的职业胜任力虽然展现的是学生就业后的职业保持及发展状态，但直接验证了高校人才培养规格与人才培养质量的高低，可谓评价我国职业教育发展状况的一块试金石，对它的研究有利于我们站在结果的角度上反观当前职业教育人才培养模式中存在的一些问题。

（一）职业教育毕业生的岗位胜任力表现

1. 自我评价不高

高校毕业生对自身职业胜任力的整体评价不高，大致呈现出角色性胜任力劣于发展性胜任力，发展性胜任力劣于岗位性胜任力的态势。

2. 能力有待提升

与自我评价的结果相呼应，在高校毕业生职业胜任力的诉求表达方面，当前高校毕业生认为自身最需要提升的前五项职业胜任力依次为：人际交往能力、沟通表达能力、应变创新能力、解决问题能力、持续学习能力。

3. 毕业生个人属性对岗位胜任力的影响

毕业生个人属性影响毕业生职业胜任力。其中，毕业生性别、工作所

在城市、学校类型、行业类型对其职业胜任力的影响并不显著，而毕业生专业背景、所任职的企业类型和岗位性质对其职业胜任力产生了较为显著的影响，毕业生所在岗位性质的影响最为显著，其次为专业背景和企业类型。

（二）职业教育毕业生岗位胜任力的培养

1.毕业生：立足自我认知与职业认知，注重职业生涯目标规划

毕业生是就业与实现职业发展的主体，但定位迷茫、目标不清、对自我及职业认知的缺失是当前毕业生择业时的常态。有的学生不知道自己是否适合现在的工作，只是当时急于寻找一份工作，给家人一个交代，求个心里踏实而已；有的学生所学的专业是冷门专业，择业时并不占优势，有单位愿意接收也只是因为学校的牌子，所以学生根本没有思考这份职业应该如何做，今后该如何发展。

可见，毕业生缺乏对自我及职业的清晰定位是较为普遍的现象。然而，目标是一切问题的起点，落实到就业与职业发展问题之中，自我及职业的目标定位就是问题的起点，它贯穿了大学生就业知识、就业能力、就业实现以及职业发展的全部。因此设定关于自我及职业的何种目标是构建大学生职业胜任力体系的一项重点工作。关于自我及职业的目标设定，需要毕业生在发挥主观能动性的基础上，以高校职业生涯规划教育为依托，实现两者间的良性互动。

2.高校：完善情绪智力培育课程，促进大学生职业胜任力平衡发展

无论是毕业生对本身职业胜任力的评估，还是其对未来职业胜任力发展的预期，人际交往能力、沟通交流能力、团队协作能力等情绪智力因素已远远超越了知识、技能等因素的作用。可见，优秀的情商特质已经成为用人单位约定俗成的要求。因此，完善、加深情绪智力培育课程是高校人才培养环节必不可少的一项工作。

3.校企联合：加强岗位情境教育，提高大学生职业胜任力的实践水平

岗位性质对毕业生的职业胜任力有着较大的影响，而“学未致用”“人岗不符”又是一种较为普遍的现象。鉴于此，就需要校企联合，加强立足于岗位需求的情境教育，以提高大学生职业胜任力的实践水平。

当前,高校现行的就业指导课程体系大都遵循“理论课”的实践模式,即依照认知逻辑展开,注重于对世界的理解,从学科知识体系出发,梳理学术背景、基本概念、知识结构、运作原理、运行规律等,但职业本身是与“岗位”密切联系的,是镶嵌于具体工作情景之中的,单纯的理论课程并不能满足学生对于工作流程与实际操作的需要,不能获得有效的操作技巧、岗位技能与工作策略。因此,现行就业指导课程体系应加强岗位情境教育,以此提高大学生职业胜任力的实践水平。

立足于“岗位”,就业指导过程中的情境就是具体的岗位情境,实际工作岗位中需要的知识、技能与技巧是其所应包含的内容。在这里,“岗位”不是孤立的,这一方面来自高等教育与所处经济社会的对接性与适应性,另一方面也是高等教育多元投资者的必然要求。因此,岗位不仅仅指向某一具体工作岗位,更指向处于同类组织、同类工作中的系列岗位中的一个,这种具备社会性与迁移性的“大岗位”才是面向职业发展的教育中真正的岗位定位。

面向岗位,不仅需要高校在实训基地建设、人才交流与课程设置方面完成工作,更需要用人单位的切实辅助。源于职业教育、基于现代学徒制度的校外导师制度是一项值得借鉴的措施。“校外导师制度”实施的平台为校企融合,是在校企双方互利、共赢、共享的基础上完成的有效合作。来自用人单位的校外导师侧重于培养学生的实践能力,使学生在初步形成职业判断能力、管理组织能力与基本职业道德的基础上,完成长远的职业生涯规划。高校在校外导师的参与下,制定适当的人才培养方案、课程标准与综合实践项目;学生则在校外导师的指导下,完成学生与准员工双重身份的塑造。

当然,以具体岗位情境为中心来安排就业指导内容并不意味着否定理论课程的存在,理解与岗位相关的理论知识也是必要的环节。在就业指导方面,理论课程的存在服务、依附于具体岗位情境,它一定是在对具体岗位情境把握的基础上完成的。

第三节 现代职业教育师资队伍建设

一、现代职业教育的师资概述

(一)师资队伍建设研究问题的提出

为进一步提高职业教育的质量,国家颁发了一系列政策。2021年6月17日在《教育部、河南省人民政府关于深化职业教育改革推进技能社会建设的意见》中明确,支持社会力量参与办学,深化教师队伍建设改革,对"双师型"教师队伍建设等展开评价。2021年10月12日在《关于推动现代职业教育高质量发展的意见》中提出,强化"双师型"教师队伍建设,要明确责任、细化举措,推动职业教育高质量发展。《国家中长期教育改革和发展规划纲要(2010—2020年)》出台以后,我国迎来职业教育发展的春天。2022年4月20日颁布新修订的《中华人民共和国职业教育法》,促使职业教育的发展势如破竹。然而,一系列研究表明,目前我国职业教育的发展面临诸多困境,特别是师资方面存在很多问题,有学者认为我国职业教育教师培养体系以及师资队伍结构、聘用机制与发达国家相比还存在一定差距;还有学者认为虽然在高校招生计划中都专门设有职业教育师资招生比例,但远远满足不了快速增长的职业教育需求。我国职业教育师资队伍数量不足、比例偏低,教师能力参差不齐。提高职业教育的核心概念是要打破当前中职教育体制的束缚,更大规模地与企业、产业合作,形成产学合作的新体制机制。

职业教育要获得长足的发展,靠的是培养出一代又一代具有高职业技能的学生,这就对师资队伍的建设提出了相应要求。职业教育发展需要把教育资源进行优化配置,故师资队伍建设问题尤为关键。

(二)职业教育师资建设启示

1. 全面获取从教的知识与能力

(1)职业教育教师职前和职后培训一体化

职前培训的对象可以是担任兼职教师的企业从业人员,他们往往具有行业的实践经验,但是缺乏相关行业的理论知识和教育知识。职后培训分为新入职的教师培训和在职的教师培训。对新入职的教师而言,为使他们尽快适应教学环境,应帮助他们提升教育教学的能力,以良好的状态进入工作。对在职教师的培训,应该是教师基于自身教学和发展的实际情况,自觉参加有侧重的培训。所以国家和相关教育部门需要建立有效覆盖在职教师的培训中心,制定相应的方案,使教师接受系统的培训,各地区能够根据经济的发展情况有规划地进行。

(2)加强实训教学环节,担当实训教学任务

国家出台一些优惠政策通过激励和立法相结合的方式,让教师到企业实习,补充企业在生产过程中的新知识新技术。在这个过程中,政府和职业院校应投入相应的资金作为职业教育教师的培训经费,以提高教师参与培训的热情。同时,为使企业加入职业教育师资培训体系中,国家应该建立健全企业参与职业教育的法律法规,提高企业参与职业教育的积极性,鼓励企业为职业教育师资的培训献计献策。企业可以拿出部分资金支持职业教育,并组建教育集团进行校企合作,加大对师资培训的经费投入,更好地做到企业参与职业教育。企业内部人员可以到职业院校兼职,鼓励他们导入工作中的实际案例引发学生思考,使学生学到行业最前沿的实践知识,推动“双师型”职业教育师资队伍的发展。职业院校与企业要严格模拟现实环境建立“双师型”师资培训实践基地,提高职业技能的实用性;加强实训教学环节,担当实训教学任务。

2. 选聘过程透明化,明确入职标准,确保师资质量

提升职业教育教师的入职标准是保障师资力量最直接的方式,完善选聘过程是保障师资力量的关键。据相关调查数据显示,我国的职业教育

教师有三分之二的人是在高校毕业后直接走上工作岗位的。各级政府和教育行政部门应根据国内职业教育的发展情况,明确职业教育教师队伍的发展方向,制定可行的发展规划,健全和完善相关的法律法规,明晰职业教育教师的入职标准,保障教师队伍的质量。在教师选聘上,对应聘人员不仅要有学历上的要求,还要取得相应的教师资格证书,尤其要对应聘人员的实践经验进行考察。所以,政府有关部门需要借鉴发达国家职业教育教师的准入机制和培养经验,进一步调整和规范教师的入职条件,重点招聘具有较强实践能力的人员,以加强职业教育理论和实践相互融合。在选聘职业教育教师的过程中不限制国籍,广泛吸引海内外人才;摒弃传统重学历的选聘标准,灵活看待应聘人员的学历和职称,重视教师实践能力的培养,对能力突出但学历未达标的人才进行破格录用。与此同时,还需要完善职业教育教师考评制度,教师入职后要接受定期的考核,目的是及时检查教师的教学水平,根据考核结果提出相应的改善建议和措施。

3. 完善相关激励机制与制度

教师的教学积极性影响着职业教育师资队伍的质量,影响着职业技术人才的培养。国家要在保证职业教育师资队伍质量合格的基础上,以调动职业教育教师教学的积极性为原则,完善与职业教育教师相关的利益机制。政府和有关职业教育部门要根据不同地区的经济、文化等区别,规定职业院校设置与地区特征相符的专业,既能够方便在校学生就地实习,也能够培养为该地区发展服务所需要的人才。职业院校的教学方案要接受考核,考核的标准因地区和学校而异,以保证教学质量。对职业教育教师进行多元化评价,即评价职业教育教师的主体多元化。

二、现代职业教育教师的素质要求

全面推进素质教育,建设高水平、高质量的现代职业教育,关键在于建立一支高素质的师资队伍。职业教育的改革和发展对教师提出了更高的要求。因此,更新教育观念,适应时代发展需要,建设一支高素质的师资队伍势在必行。

(一)思想道德素质

1. 教师应具备强烈的职业道德素质

教师职业道德是从事教育职业的劳动者在教育教学实践中应当遵循的道德规范和行为准则。职业院校教师是一项社会性、政治性、技能性很强的工作,在客观上要求具备良好的职业道德素质,这是做好教师工作的前提和保证。教师要搞好教育工作,必须有强烈而持久的教育动机,有很高的工作积极性。职业教育既要传授知识,又要培养学生技能。如果教师对职业教育工作没有兴趣,很难想象他会下功夫进行职业教育教学改革。作为一名职业教育教师,要树立强烈的事业荣誉感,才能热爱教师职业,投身于职业教育事业。

2. 教师要耐心、细致,具有较强的观察力

随着经济全球化和信息化的速度不断加快,职业院校学生处于一个更为复杂开放的社会环境中,不同群体的利益观、价值观和大众传媒内容不可避免地对他们产生不同程度的影响。他们情绪不够稳定,自控能力较弱,感情容易遭受挫折。职业教育教师应细致观察学生的心理变化,掌握学生心理状况,认真、细心地做好学生的思想工作,用宽广的胸怀对待学生,多与学生接触沟通,关心他们的学习、生活和心理变化,既做教师又做朋友,打造和谐的师生关系,促进学生健康成长。

3. 教师要有爱心

教育之于情感,之于爱,就像池塘之于水。池塘没有水就不能称其为池塘。教师就应该爱学校,爱岗位,爱学生,只有倾注了全部的爱,师德修养才能在爱的奉献中得到提升,才能真正做到为人师表,教书育人,没有爱,也就没有教育。爱心能够创造奇迹,在教育教学过程中起着非常重要的作用。因此在教育中,爱心滋生着工作的责任心,润滑着师生的关系,滋润着学生的心田。爱心是职业教育教师做好本职工作的必要条件。

4. 教师要有独特的人格魅力

人格主要是指人所具有的与他人相区别的独特而稳定的思维方式和

行为风格,是个人在社会中的地位和作用。教师既是人类文化知识的传递者、人类社会延续和发展承前启后的桥梁,又是启迪智慧、陶冶情操、塑造灵魂的"人类灵魂的工程师"。其人格又会影响教育的对象。教育心理学研究表明,学生的角色决定了他们具有"向师性"。学生的"向师性"在不同的年龄阶段具有不同的特征,随着年龄的增长,他们的"向师性"逐渐从依恋情感需要转向求知欲和人格完善的需要。职业教育教师广博的知识、高尚的品格、顽强的意志是学生崇拜尊重的主要因素。不少学生正是由于受到所崇拜的教师的启发和影响,从而确定了自己的志向并奋发前进的。

(二)文化专业素质

教师是个专业性很强的职业,是人类文明的传播者。在这个知识经济时代,知识更新的速度日益加快,新科技、新知识、新信息不断涌现,教育改革日益深入,素质教育全面推进,这些都促使教师要勤于学习,兼收并蓄,严谨治学,精益求精,从而不断提高自身的科学文化素质。歌德曾说过:一切才能都要靠知识来营养,这样才有施展才能的力量。可见,知识是培育才能的营养,才能得到施展就会产生力量。宽广厚实的业务知识是教师必备的基本素质。俗话说,要给学生一杯水,教师首先要有一桶水。现代型的教师不仅要有深厚的专业素质,还要具备较高的综合素质,成为复合型教师。

1.教师要有精深的专业知识

教师对本学科的历史、现状、未来等要有精深的研究、独特的见解、深厚的功底,对本学科的专业知识一定要精,要勤于学习、勤于钻研。没有对专业学科知识的全面学习和深刻理解,就不可能在学科教学中取得理想的成绩。一方面,教师要全面掌握本专业的理论知识;另一方面,教师要深入了解本学科的教学发展动态及最新理论成果。教师对学科知识理解得越深刻,在日常教学中越能有效驾驭。

2. 教师要有广博的文化知识修养

科学知识的日益融合和渗透要求教师不断拓展自己的知识面。教师应该是个“杂家”，在努力做到精通专业的基础上广泛涉猎其他学科。首先，现代边缘学科越来越多，自然科学与社会科学之间的联系日趋紧密，教师具有多学科知识和文化素养，有利于拓宽学生视野，点燃学生思维，激发学生创新意识。其次，职业院校学生正处于求知欲旺盛时期，他们兴趣广泛，好奇心强，教师具有广博的文化修养与多方面的兴趣才能因势利导，从而提高教师在学生中的威信，提高教育教学质量。因此，职业教育教师的素质不仅在于他的专业知识和教育理论的深度，而且对各种教学艺术和宽广的知识面的运用是一个成功职业教育教师不可缺少的素养。

3. 教师要有较强的实际操作能力和工程实践的能力

职业教育的最终目标是培养生产一线高素质的劳动者和中、初级专门人才。职业教育教师不仅要是理论教育教学的能手，更应是具有工程实践和实际操作技能的行家里手，能够熟练掌握教学实验设备，对设备结构、性能、工作原理和使用方法烂熟于心。职业教育教师要结合专业课程带领学生深入学校车间及企业车间进行工程实践，让学生实实在在地体验生活，真正掌握专业技能。教师应利用良好的工程背景，有意识地将教学与生产、理论与实践、教书与育人紧密联系在一起，安排各种工程实践性教学环节，使学生知识得到积累，技能得到提高。因此，职业教育教师应具备“双师型”专业人才的能力，这样才能完成职业教育所规定的培养目标。

（三）教学科研素质

对职业教育教师来说，教学与科研就如同鸟之双翼、车之两轮，两者相互配合，则在更为有效地达到教育或教学目的的同时，有助于提升教师从事职业教育事业的境界。

1. 教师要有正确的教育教学思想和前瞻性的教育教学理念

思想是行动的先导，思想决定行为，一个现代型的职业教育教师首先应有正确的教育教学思想和前瞻性的教育教学理念。教师的行为虽然千差万别，但都统一于一定的教育教学思想下，教育教学思想和教育教学理念是教师的教学行为产生的真正原因。

2.教师要有创造性教育教学能力

培养学生的创新意识和创造能力是新时代教育改革的主旋律。教育的目标是培养具有开拓创新精神的高素质人才，这对职业教育教师的才智和品质提出了更高的要求。因为人才靠教师来培养，因循守旧的教师是无法担负起培养社会所需要的创新型人才的重任的，只有富有创新意识和创新能力的教师才能培养出创新型人才。职业教育教师要适应这种要求，必须强化创新意识，努力提高创造能力，在教育实践中培养更多的创新型人才。

3.教师要有灵活的教育教学艺术

教育的艺术是使学生喜欢你教的东西。教育教学不仅是一门科学，而且也是一门艺术，这是由教师职业的特点决定的。教师的活动表现为对学生的示范、感染和震慑作用。例如，传授知识，并不是教师简单地把知识灌输给学生就行了，而是要依靠教师运用自己的语言和动作做出示范，运用自己的思想感情去感染、去激发学生的求知热情和创造欲望，启迪学生积极开展思维活动，让学生自觉而有效地掌握知识。因此，一名教师要想搞好教学工作，达到理想的教学效果，仅具有学科的专业知识、懂得教育的原理和方法还是不够的，还必须依靠教师本身的示范技巧以及教师的人格的感染力，这两方面都属于教学艺术的范畴。教学艺术是一种高度综合的艺术，具有形象性、情感性、审美性、创造性。职业教育教师只有真正地掌握了教学艺术，才能够在课堂上游刃有余，使自己的文化专业素质在课堂上得到淋漓尽致的发挥。

4.教师要有良好的科研素质

职业教育科学研究是一种以科学理论为指导，运用科学研究方法，揭示职业教育规律，解决职业教育发展中存在问题的活动。随着科学研究的深入开展,“向科研要质量,以科研求发展”已成为广大职业院校教育工作者的共识。职业教育要发展,科研要先行。科研对职业教育的改革和发展具有不可替代的作用。它是教育改革与发展的迫切需要,是教育决策科学化的根本保证,是提高教育教学质量和实现成果转化的必要手段,也是增强教师的自主意识和创造精神的有效途径。作为现代职业院校教师,必须具有良好的科研素质,特别是从事课题研究的能力。

(四)身体心理素质

健康的身体素质,健全的心理素质是教师其他素质得以建立和发展的基础。身体素质是人体活动的一种能力,指人在运动、劳动与生活中所表现出来的力量、速度、耐力、灵敏及柔韧性等机能能力。职业教育教师特定的生活环境和工作特点,要求教师要有良好的身体素质。如果教师缺乏健康的体魄,隔三岔五因病请假,不仅影响学生课程进度与学习,也影响了平时上课的质量。只有拥有健康的体魄和充沛的精力才能应付艰苦的长时间高强度的脑力劳动和体力劳动。心理健康是职业教育教师身心健康的重要方面。教师的心理素质是在教学活动中表现出来的心理特点,指表现在教师身上那些经常的、稳定的、本质的心理特征。主要包括意志品质、情感过程、职业兴趣、智力与能力、人格特征和教育信念等。由于职业院校学生的特殊性,职业教育教师应当具备比较高的心理成熟度,心理状态要稳定,还应具备较强的心理承受能力和自我调节压力的能力。教师的心理状况会潜移默化地影响学生。教师不健康的心理状态会导致不适当的教育行为,对学生心理产生不良影响。例如,一些教师由于家庭矛盾没有解决好,情绪调节自控能力不强,将个人的失意烦恼带入学校,错把学生当作发泄对象,或者用自己错误的人生观和价值观影响学生,造成对学生的心理伤害,甚至改变学生的学习态度和生活态度,贻害终生。因而,只有教师拥有积极、健康的心理状态,才能积极投入工作,充分发挥主动性和创造性,取得良好的教学效果。总之,新形势对职业教育教师队伍建设提出了新的要求,故步自封、因循守旧已远远不能适应新时期人才培养的需要，更不能适应知识经济时代所面临的挑战。我国广大职业教育教师必须顺应时代的步伐，自觉提高自身的素质，做一名合格的"人类灵魂的工程师"。

三、现代职业教育教师的专业化发展

在国家高度重视中职教育发展的形势下，教师专业化发展也是其自身生存与发展的必然趋势。对教师的专业化发展需始终坚持严格要求，如此才可以确保职业教师群体的高素质和高标准，在有效提升职业教师整体专业素质的基础上，使其得到高效的知识技能强化，进而提升教师职业在社会各界中的威望，增强教师队伍的职业认可并有效提升职业学校教师的专业化水平与能力，由此促进教师队伍的专业化发展。

（一）职业教育中教师专业化发展中存在的问题

针对教师的专业化发展，可以从教师入职前对师资组织的培养、入职时的标准、入职以后各主体对于教师自身专业化发展和教师在此过程中自身的问题等方面进行深入剖析。

1. 教育中专业化师资的数量与质量无法得到保障

教育部在关于进一步完善职业教育教师培养制度意见中明确规定，职业技术师范学校，在师范专业的招生数量的原则基础上，不可低于招生计划标准的三分之一，然而一些职业技术师范学校其招生量还没有达到四分之一。针对职业师范技术学校其招生比例严重不足这一现象，一定会造成职业教育中师资供给的严重不协调。职业学校中，师范专业的生源很多都是来自普通高中的毕业生，仅有少数学生是来自中职院校，在升学到职业师范学校接受专业教学时，所学的课程大多是以普通学校的教学来设计的，专业实践性会有很大的不足，有的与社会的发展严重不符，很难与高职院校结合当地经济的多样性发展建设及教学要求相适应。

2. 入职标准较低给教师队伍建设带来困难

我国职业教育的教师专业的属性大都非常低，并没有像律师或是医生那样高标准的入职机制，再加上职教教师还比较缺少，主要表现在：多数专业技术型人员在经过简单的教育或是培训以后便能够上岗，严重的还存在技术专业的教师数量不足，文化课的教师会临时性替代的情况。

3. 职实践条件与培训落实不到位造成教师发展受阻

职业教育主流的方式主要是学校与企业的有效合作、生产和教学相互融合。然而在实际的教学过程中，企业和学校的合作机会非常少，很难为专业的发展提供合适的学习机会。

4. 部分教师的学习能力偏低，无法适应社会发展

职业教育所培养的大多是生产一线的技术型人才，是不是可以及时快速地掌握全新产业知识同毕业生走上社会就业工作关系非常大。一些教师在思想上认为，教学的质量很难提升，主要是与生源本身的素质有关，还有一些教师习惯用自己以往的经验式教学方法和教学方式，不愿做出任何改变。还有一部分教师也会存在与别的职业同样的问题，例如职业的疲倦、与工作合作伙伴的沟通不到位等。教师无法及时地对学生未来要从事的职业知识的动态变化进行更新，这样会对教师教学的实践性产生直接影响。

（二）职业教育中教师专业化发展的优化措施

职业教育与普通高校的教育相比，明显的特点表现在其职业性方面。职业教育与企业生产实践之间存在着较紧密的联系。教师自身专业化的发展一直是以学生成长发展为重点，把职业教育同家长、学生、企业、政府密切地联系在一起，对各部分所存在的不足和缺陷进行充分详细的了解和掌握，以此来找出最佳方法，这样才能够让教师有实力实施良好的教学，从而取得不断的进步和发展。

1. 创建好的政策环境提升教师的专业水准

教育部颁发有关职业教育教师专业化标准的相关规定，为职业教师的栽培、准入、考核、培训等明确了原则与重要的执行依据，对于教师的发展会起到非常重要的导向作用。政府机构需持续提高对职业教育教师的标准要求，为职业院校的发展提供一定的参考依据，在源头上提升教师质

量。政府部门还需对职业教育的社会发展作用进行大力宣传;提升教师的待遇和福利标准,吸引更多的优秀教师加入。

2.优化学校的发展空间,制定教师科研发展机制

学校对于教师来说是其职业活动的场所,学校直接对教师实施管理学校需重视使用多样的方法和方式来促进教师队伍质量的提升。学校方面,可以聘请一些高水准的专家和企业技术型专家与教师进行学术方面的交流和讨论;提升教师群体的科研实力与水平。企业技术型专家可以为教师提供全新的关于产业技能方面的知识和理论,在教师原有技能的基础上提升技能水平,优化教师的知识结构。学校应为教师提供更多的交流机会,共同对教学难题进行探讨和研究,分析现时期的教学情况,找出最有效的教学方法,只有从多个途径来为教师提供成长空间,才可以最大限度地实现教师的专业化发展。

3.改进教学评估模式,提高教师的教学质量和能力

在教师专业化的养成期间,系统性的教学评价属于教师教学过程中教学创新和反思的助推剂,对教师提升教学质量非常有利。只有评价才会形成反思,经过反思以后方能发现教学过程中的缺陷和不足;不断地提高教师专业化水准,需要教师在教学内容和教学方法上同学生以未来从事岗位工作的内容相结合,培养学生的专业技术和技能、岗位知识、职业素养和道德等各方面的内容,以利于与以后工作有效接轨。

4.强化企业的实践学习,提升教师自身的专业能力

在职业教育中,以培养社会应用型人才为主,以满足现代企业发展需求。教师应在积极主动走进企业进行实践学习的过程中,与企业内的管理人员和技术人员进行有效的交流与沟通,利用图像和视频等各种方法对职业岗位整个工作过程进行充分的记录,不断对这一行业的专业技术及其发展与更新的具体情况进行了解和掌握。因为职业教育所具有的特性,会让其与企业发展的动态形成较为紧密的联系,只有对学生以后所从事的工作岗位和工作内容进行充分的了解,才能够对教学进行有效的设计,这样所培养出的学生才能够更好地胜任即将从事的职业,

第三章 现代职业教育高质量发展的困境

第一节 职业教育在社会层面“认可度”不高

职业教育社会认同和社会需求之间存在极大反差，大众对职业院校以及技术技能人才的认同度普遍较低，并且在很多发展政策方面还存在一定限制性因素。

一、职业教育的社会认同分析

（一）情感层面

个体对于职业教育的情感主要源于群体间的比较，也就是职业教育和普通本科间的比较。从学校层次来看，受教育和社会分层关系的影响，获得等级更高的教育、获取更高的文凭是当前有效巩固社会阶层地位的主要手段。但不管是从重点大学、普通本科和职业教育院校层面进行分类，还是从研究型、教学研究型、职业技术型相关院校进行分类，职业教育都处在整个高等教育的最尾端，因此社会认同度较低。从教育资源占有角度来看，各类大学的文化资本和社会资本都存在一定差距，在资金、生源、师资、就业等层面的投入也会有所不同。从这一点来看，处在最末端的教育势必会受到影响。

（二）评价层面

职业教育发展的客观局限性，如重视度不足、定位不清晰、教育体系不完善等，导致个体对于职业教育产生了较为负面和消极的评价，从而引起了职业教育的社会认同危机。职业教育要获得社会认同，就必须意识到自身存在的局限性，并对各种负面评价客观对待，找到未来发展的入手点和可能性。

（三）社会层面

职业教育是促进社会流动与分层的主要因素之一，但其对于社会流动和分层的影响存在一定差异。在原先的精英教育下，高等教育实现困难，因此其影响也更大，但在大众教育时代，这种影响却发生了极大改变。处在重点高等院校中的是社会发展的重要组成部分，使得数量更大的高职学生与普通本科学生面临的发展环境更为严峻。虽然高职文凭认可程度低于普通本科，但作为经济、社会、文化等资本都存在限制的家庭来说，职业教育依然是其向上层流动的主要途径，给高考成绩不理想的学生提供了向上层跃进的机会。

二、影响职业教育社会认同的主要因素

（一）社会因素

在主观层面上，传统思想难以在短期之内得到改变。虽然当下国内高等教育已经基本实现了大众化，并且高职教育占有较大比重，但从教育体制、理念、机制、政策与模式层面来看，精英教育依然占据主体。在职业需求方面，很多企业都以文凭为主要标准，通过学校的知名度进行人才选聘，致使职业教育毕业生的社会认同度普遍不高。在客观层面上，在高中教育大众化的逐步实现下，职业教育发展迅速，但其人才培养所需要的条件没有及时跟上，在一定程度上影响了人才培养质量。

（二）院校因素

一些职业院校的办学观念和思想较为陈旧，办学模式相对单一，有些甚至将其等同于学历教育，导致在专业设置、教学手段和内容等层面照搬本科院校模式，未完全跟随市场发展需求进行学生技术技能强化，不仅难以提升人才培养质量，还会影响办学特色化的形成。另外，受到办学条件的限制，在学生实践方面也基本以验证性操作为主，真正根据职业需求进行实践教学的情况较少，从而影响了学生对于技术的应用能力，导致在毕业之后无法及时适应工作。

（三）学生因素

对于部分学生来说，职业院校并非其理想选择，因此难免会出现低人一等的心态，从而将不满情绪和偏见带入学习过程，导致对学习较为排斥，在一定程度上影响了对技术技能的消化与吸收。另外，有些职业院校毕业生对自身缺乏精准定位，无法接受符合自身技能层次的职位，导致用人单位产生了职业教育毕业生浮躁的印象；再加上所选岗位和自身能力不相符，致使用人单位认为职业教育毕业生能力较低，从而影响了社会对职业教育的认同。

（四）政策因素

这点主要体现在政策宣传和教育经费投入不足层面。当前有些地区对于职业教育缺乏了解，并未将其归入高等教育行列。稳定的资金投入是学校实现良性发展的保障，但当下职业教育在投资体制方面，主要实行低投入和高收费政策。此外，政策当中关于工资分配机制、用人机制等方面都存在一定重学历轻技能的问题，影响了职业教育的社会认同度。

第二节 职业教育同产业发展“契合度”较低

一、职业教育与区域产业相脱节

在职业教育与区域产业的联系上，教育管理者需要从多方入手营造理想的教学情境。但是在实践操作层面，我国众多职业院校的课程设置缺乏和市场经济、地域产业的契合，尤其是在热点产业的推动上缺乏对区域经济结构的调整。在推动地区产业结构的变化之上，企业对于职业人才的需求在改变，但专业的设置缺乏变化，人才培育难以适应市场的发展需求，更无法达到职业教育与区域产业的有序互动，导致职业教育与企业发展之间缺乏联系及协作机制。人才培育和地方经济存在着严重脱节的现象。

二、职业教育缺乏战略发展规划

现阶段，部分职业院校虽然已认识到服务地方经济和区域建设的重要性，但是在具体的教育过程中缺乏多层次的规划。部分职业教育工作者虽然也意识到了人才培育的重要性，但是在具体的教育过程中往往缺乏具体的行动。职业院校和中小企业的联系虽然较为紧密，但在协作上缺乏深层次的合作，导致职业教育的导向难以显现。

三、校企联合的发展特性不足

在职业教育中，教师往往只侧重理论和专业技能的学习，在和企业联合的过程中，对于学生关键能力的培养存在较大欠缺，校企联合的发展特性不足。

职业人才的塑造和培养是一项系统性、全面性的工作。区域经济建设需要一批既有文化知识，又有专业技能的人才，特别是那种具有团队协作能力和自我学习能力的人才。因此，教师在职业人才的培养上不仅要具备过硬的专业技术，还要具备相应的沟通能力，加大对跨行业技术复合型人才的培养力度。

四、职业教育缺乏相应的师资融入

在助推职业教育和区域经济协调发展的过程中，教师需要立足市场需求，增加人才的实践性。尤其是在校企合作的过程中要保持较强的人力物力，强化职业教育支撑。但是，在当前职业教育中，高职院校硬件设施存在老化、资金投入较为短期，严重影响了职业教育和地方区域经济发展的双向融合未能建立完善的人才培养机制。

第三节 职业教育与人才需求“匹配度”较低

职业教育培养的人才模型及成效与当代企业对人才职业、素养需求还有较大差距，职业教育的学生校内以理论学习为主，车间实习实训为辅，在校期间无法充分得到技能进步、技术革新、技术创新，对专业素养、行业需求缺乏认知和定位，导致职业教育人才与企业需求匹配度低下；部分职业院校与企业签订校企合作协议也只是纸上谈兵，未能得到有效实质性落实。

一、多数行业人才供给总量不足

多数行业技术技能人才供给缺口很大，既有发展态势迅猛的新兴行业，如每年硅材料人才缺口约2.5万人，互联网金融人才缺10万人以上，云计算与大数据人才缺口达近百万人；也有工作特殊或艰苦的传统行业，且它们还面临专业招生下降和在校生规模较小的问题，如渔业未来三年需要约3万人，人才供求比约1∶8，高分子未来三年中职人才供需比为1∶15.8，高职人才供需比为1∶11.7，供需严重失衡；还有现代服务业，如冬季体育未来三年缺口达10多万人。

二、部分行业人才供求规模出现结构性失衡

一是专业群中不同专业培养规模出现结构性失衡，某些行业人才培养主要集中在某(几)个专业，其他专业开设点数少、规模小，与相关岗位需求存在结构性失衡。如渔业类专业设置较齐全，但实际开设专业主要集中在水产养殖技术专业，招生人数占到渔业类专业的90%；其他几个专业开设点数少、规模小，专业结构分布不均。水利类专业中水利水电建筑工程专业招生数排第一名，占比达36.9%，但该专业未来三年人才需求比例只占12.53%，这将导致该专业学生三年后就业时面临较大压力。城市轨道交通类专业中，运营管理专业毕业生富余5.8万人，超出52.68%；而其他工程技术类专业则缺口较大，缺口比例在20%～60%。

二是不同学历层次专业规模供需不平衡。按照本科及以上、高职、中职划分，不同行业技术技能岗位人才学历结构分别呈橄榄、金字塔、倒金字塔等类型，且总体趋势是未来人才需求学历层次不断上移，高职、本科需求比例持续增大，与目前高职本科层次相关专业培养规模不完全匹配。如医学检验类人才未来三年本科、高职层次人才供求基本平衡，供需比分别为1∶1、1∶1.13，但中职层次是供大于求，供需比为4.2∶1。

三、少数专业结构布局与产业结构布局有一定偏差

一是少数区域专业布局与产业布局不相适应，有的区域供大于求，有的供小于求，有的持平。如城市轨道交通行业在华北、华东和华南地区人才缺口较大，供不应求态势明显；东北、西南和西北地域供需基本平衡。北、上、广、深等云计算大数据发达地区人才供给较多，但贵阳、合肥、天津等大数据市场活跃地区人才供给不足。

二是有些行业对应专业群结构与企业岗位群类型不匹配。随着行业产业链延伸和拓展，职业院校现有专业群覆盖不了相关岗位群需求。如目前职业院校渔业类以养殖专业为主，经济管理和海洋渔业技术专业均还没有开设，满足不了渔业产业链发展需求。如硅材料产业生产一线所需人才涉及装备制造、设备运行与维修、产品质量检测分析认证等岗位

群，目前已有的硅材料制备技术和光伏材料制备技术专业难以支撑产业链人才需要，需要配套增设硅材料设备设计与制造、硅材料工业控制与管理、硅材料产品检测与认证等专业，形成服务于生产一线的专业群。

四、部分专业定位不够精准

为适应产业转型升级或新兴行业发展，一些职业岗位呈现新技术多、复合性增强、重迁移能力等特点，对专业培养目标提出新要求。如对接现代渔业“技术服务+营销”新业务模式，需要培养大量具备水产养殖与技术服务能力的复合务型人才，相关专业培养目标有待及时调整。互联网金融等新兴行业的新职业岗位能力要求逐步清晰，从相关专业衍生出的新专业（方向）定位还待明确，培养方案还待。

五、多数专业课程体系支撑度较好，仍需加强针对性

一是新兴行业的专业课程体系与职业岗位要求有差距。如针对智能制造机械、数字出版等行业新设专业（方向）的课程体系还不成熟，许多院校从各专业拿出几门核心课程组成“拼盘式”课程体系，使得专业核心能力培养与岗位需求存在较大偏差，极大影响教学质量。

二是不适应岗位专业性和复合性发展新变化，相关课程比例偏低。如为满足渔业行业转型升级对复合型人才的需求，企业认为应增加电子商务、市场营销、水产品流通管理等营销类课程。城市轨道交通运营行业面临企业管理模式不断创新、优化工作模式、建立综合工区的趋势，对复合型人才需求大量增加，急需在专业课程设置中融入多岗位复合能力要求的内容，适应一专多能人才的培养。

三是课程适时调整和更新不够，新技术、新工艺、新规范等内容尚未进入课程。如水利类专业课程体系无法满足水环境治理、建筑信息模型、库区管理等岗位新需求，缺少无人机、大数据、人工智能等新技术应用和行业新标准、新规范等内容。城市轨道交通类专业课程缺少轨道交通新技术新设备应用等内容。

第四节 职业教育所育之才的获得感、幸福感、荣誉感不高

一、获得感的缺失

(一)职业院校学生获得感的内涵

什么是获得感?学术界尚没有形成统一的认识。有学者认为,“获得感”本表示获取某种利益后所产生的满足感,也表示人民群众共享改革成果的幸福感。

大学生的获得感,不仅指他们在学校通过知识学习有收获,而且要让他们在大学的学习生活中体会到喜悦、满足、荣誉、尊严、自豪、幸福感。就高职院校而言,学生的获得感,包括价值取向、理论知识、实践活动、情绪情感、人文素养等。这些内容不仅是传统意义上理论、技能的灌输,更是学生积极的主观体验,学生经历了期待—参与—收益—满足—认同的过程,才会让获得感“看得见、摸得着”。

(二)阻碍高职院校学生获得感产生的原因

第一,缺乏以生为本的教育理念。学生即使按照学校要求完成学业也无法成为社会需要的人才,专业学习缺少期待和满足,更缺少实实在在的收益。

第二,缺乏先进的教学方式。目前职业院校中部分教师实践操作和技能训练课依然采用理论教学模式,缺少实时互动和精讲点评,学生容易丧失对专业技能的探索和思考。

第三,缺乏价值认同感。当今世界,各种思想文化不断交融,甚至激烈碰撞,学生对于教育方式有更高的要求,没有参与感、认同感和共鸣感的纯粹说教和刻板僵化的教学方式无法满足学生的实际要求,更不会使其有强烈的获得感。

第四,缺乏文化浸润感。当前,很多职业院校的教师素养仍有欠缺,部分教师及辅导员忙于自身发展与事务性工作而忽略了教学工作。就校园文化层面而言,市场经济的负面效应和功利主义价值观的宣扬,加剧了大学人文精神的缺失。教不得法,求教无门,师生缺少沟通,这就严重影响学生在校学习生活的获得感。

二、幸福感不足

(一)幸福感的内涵

1.幸福感的含义

幸福感概括起来包括以下几个方面:一是幸福感具有主观性,它是一种心理体验,是一种心理感受,或者一种感觉。二是幸福感具有积极性,是一种积极的情绪体验,带给人愉悦感、满足感,能让人产生更加积极向上的精神动力。三是幸福感具有总体性,是对自己在生活、工作、学习、人际关系等各个方面的总体评价。

2.幸福感是人生活力的内在体现

一个人幸福感的高低在一定程度上反映了他的心理健康的程度,更是创新发展的动力。幸福感高的人心理健康程度高于幸福感低的人。

(二)职业院校学生幸福感堪忧

学生作为社会中的一个重要群体,他们的幸福自然备受关注。职业院校学生告别高中生活,离开父母来到学校求学,所面临的环境、生活方式、学习目标、人际关系都发生了很大的变化。这些变化带给学生的既有新鲜感,也有各种因素导致的消极情绪,从而使学生的幸福感减弱。此时,作为学校,就要承担起培养和提升学生幸福感的责任。

(三)影响高职学生幸福感的因素

1.主观因素影响学生的幸福感

一是人格因素。一个人的人格特质和人格修为影响其幸福感。二是自尊因素。自尊是预测生活满意度的最佳指标之一,成为影响其幸福感的一个重要因素。三是归因倾向。归因倾向是对他人或自己的所作所为进行分析或归依。四是自我价值感。对于学生来说，自我目标的实现、学习能力提高、道德水平高等都是幸福感的表现。

2. 客观环境影响学生的幸福感

一是社会关系影响幸福感。在集体主义文化中，个人必须时刻保持和他人的协调（如服从他人的需要和期望），良好的社会关系可以提高他们的幸福感。二是经济状况影响人们的幸福感，但影响的程度根据不同的人有较大的差异。三是生活事件影响人们的幸福感，重要的生活事件会对主观幸福感产生影响。

三、荣誉感不高

职业院校学生职业荣誉感是学生职业素质的重要组成部分。所谓职业荣誉感就是即将从事某一职业的社会人对从事某一职业有一种极大的主观渴望和自豪感。高职院校学生一旦对某一职业产生极大的职业荣誉感，那么在学习的各个环节就会产生极大的精神动力，这种精神动力既是学习的内在动因；又是产生和培养职业精神的重要内容。高职院校在人才培养的过程中，往往过多地注重对专业知识和专业技能的培养，长期轻视对学生职业精神，特别是职业荣誉感的培养。缺失职业荣誉感的具体的专业知识和专业技能的学习，常常会流于形式，并不能够让学生明白学习这些专业知识和专业技能的意义。

第四章 现代职业教育高质量发展的未来——职业教育信息化

第一节 信息化是职业教育高质量发展的必然趋势

一、职业教育信息化发展的历史必然性

“智慧校园”的理念首次出现在2010年的信息化“十二五”规划中。这一理念的提出标志着“互联网+教育”进入实践运用阶段。校园信息化建设的趋势分为四个阶段:计算机机房—网络化校园—数字化校园—智慧校园。然而当前校园信息化建设的现状是中职学校仍处于由第一阶段向第二阶段的过渡中,大批高职、普通高校则处于由第二阶段向第三阶段的过渡中。无论处于信息化建设链条的哪个阶段,智慧校园建设都是未来趋势和必然方向。

(一)“互联网+”理念上升至国家战略

《国家中长期教育规划纲要(2010-2020)》指出“信息技术对教育发展具有革命性影响,必须予以高度重视”。这充分说明“互联网+”理念已经

上升至国家战略，成为改造传统教育的重要力量。而“互联网+”教育模式也必然成为传统教育升级的重要驱动力，智慧校园建设是“互联网+教育”模式的重要实现。

（二）教育概念新要求更加注重交流

最新的教育概念提出，教育必须更加注重交流。教育的概念由1976年提出的“有组织地和持续不断地传授知识”，演变为1997年的“导致学习的、有组织的和持续的交流”，进而到2015年提出，知识不仅仅局限于文本而且包括技能。这说明学习不再局限于课堂而更重视情景感知、场所体现、实训操作，教育必然成为课堂学习交流和实景操作有组织、持续的交流。从“传授知识”到“交流”，教育中主体变成了学习者，“交流”也不再仅限于教授者与学习者之间；交流越来越重视情景模式，交流的内容包括操作技能，教育的概念得以丰富拓展。

（三）“互联网+”的理念与教育的要求高度契合

“互联网+”跨越了空间局限并打破传统交流的方式，把原本相对孤立的信息、场景打通，完成行业间信息交换和情景再现。互联网的开放、平等、互动、共享、协作等特点以及其理念与关键技术，使其成为教育现代化的重要推力。借助互联网，能够很好地改造教师的“教”、学生的“学”和学校的“管”；构建丰富便捷的“资源系统”、个性自主的“学习系统”和智能高效的“学校系统”；利用智慧教室、大数据、社交网络与协作学习、移动互联、资源整合与组织、学习分析等互联网手段构建“教”“管”“学”相融合的系统。

二、职业教育信息化的必要性趋势

人工智能、大数据、融媒体等一系列信息技术的术语已经成为日常生活中的常规词汇，信息技术与人们的日常生活密切相关。全社会都在寻求信息化转型，教育行业当然也不例外。2019年国务院印发《国家职业教育改革实施方案》（以下简称《方案》）明确指出，职业教育要适应“互联网+

职业教育”发展需求，运用现代信息技术改进教学方式方法，推进虚拟工厂等网络学习空间建设和普遍应用，倡导使用新型活页式、工作手册式教材并配套开发信息化资源；指明了职业教育想要适应社会发展的步伐，信息化建设是必由之路。

（一）职业教育信息化推动职业教育现代化

“现代化”是在面对已经取得了重要发展成绩的基础上，所提出来的进一步发展要求和目标。《辞海》对“现代化”释义为：不发达社会发展为发达社会的过程和目标。作为过程，其首要标志是用先进科学技术发展生产力。从这个定义中我们可以看到，使用先进科学技术发展生产力，是现代化的首要要求，落实到职业教育的现代化上，必然也需要将先进科学技术运用到教育过程中去。

职业教育信息化是职业教育现代化的基本内涵和显著特征，首先是教育硬件的信息化，例如教学环境、教具以及基本的在线课程，这一步是最好实现也是目前覆盖率较高的一步。教育的现代化更是教学模式和教学理念的现代化，要在充分运用科学技术带来的硬件升级的基础上，从根本上将信息化的运用和思路带入实际课程当中，这样才能从本质上实现职业教育的现代化。

（二）职业教育信息化满足职业教育社会化

当前对于职业教育的概念界定已经开始向社会面衍生，职业教育不再只是针对高考后的全日制学生，而是在终身学习的理念倡导之下，面向全社会提供服务。其中包括想要进一步提升能力的在职员工、转岗人员，就业遇到困难的待业人员、农民工以及有职业教育需求的其他群体。他们并不具备全日制在校的条件，实体的校园空间也无法承载整个社会的需求，通过信息化建设，满足在线学习以及学分认定的需求已经提上了日程。

课程内容方面，也需要针对社会面的实际需求进行调整，更加紧密地与行业发展同步、与企业需求同步、与群众实践同步，而非仅传统的课堂知识传授。通过互联网技术，打破时间、空间的局限，只要有需求就可以在任何时间、地点接受教育和培训，从而使职业教育向社会化的趋势发展，尤其是在我国面临因地域辽阔、区域经济发展不平衡所导致的教育鸿沟问题上，通过资源流通和互动促使教育公平，让职业教育的社会责任进一步凸显出来。

（三）教育信息化是学校育人使命的内在要求

未来的学校教育与“互联网+”、人工智能、信息技术不可分离，是求知者提升能力素质的主渠道，未来教育是基于网络环境更加开放的数字化教育和智能化教育，是更加重视学生学习灵活性和多元性的教育，是让所有学生都能享受到高品质教育资源的教育，是现代化的教育。要想营造良好的教育生态，就必须构建现代信息化教育体系，更新理念，以生为本变革教学组织形式、教学育人方式、学生评价方式、管理体制、保障机制。

（四）教育信息化是产业发展的现实要求

信息化已成为我国新一轮经济增长点。智能化时代工作任务越来越复杂，传统技工越来越难适应时代要求，急需大批复合型、创造型技能人才。2015年国家发布四批共56个新职业，大多与信息化有关。职业教育作为公共教育事业，是培养高素质能工巧匠、大国工匠的摇篮。职业教育信息化，应是服务本土人才的支撑，提供技能培训、远程培训的手段，助力区域经济发展的杠杆。

（五）教育信息化是提升学生综合素质的必然要求

在“互联网+”的环境下，依托强大的“人工智能”，为学生营造“人人皆学、处处能学、时时可学”的开放式学习氛围，满足个性化成长需求，提供多样化的优质资源，使他们能够乐于学习，善于思考，勤于协作，勇于创造，敢于创新。信息化教育的最终目的是实现公平而有质量的教育，重点培养创新精神和实践能力，更加强调终身学习，促进全面发展。

第二节 职业教育信息化建设的问题与对策

一、职业教育信息化存在的问题

面对前所未有的政策利好，职业教育的实际信息化程度并不高，大多数职业院校通过第一轮进行了教学硬件升级之后，就再也没有进行下一步的信息化建设，缺乏建设的持续性和发展性，职院院校依旧存在信息化建设的困境和瓶颈。

（一）管理制度不完善

一是很多学校尚未建立起符合现代化高校管理要求的信息化组织架构，对于业务机构、应用架构、数据架构、技术架构等都没有开展科学规划，信息化建设工作缺乏统筹，应急性的零散建设极易导致成果的失效、建设的低效和投入的浪费。零星购置建设的各类业务系统大多并没有构建在统一的技术框架和数据标准当中。学校各部门由于信息化认知不足或制度不健全、未落实等原因，没有按照规范和标准选择信息系统解决方案，因而尽管各类系统部分解决了业务流程需求和数据管理问题，但是多个系统间没有实现数据的统一、资源的共享和流程的对接，难以产生协同价值，无法更好地推动总体管理水平的提升。二是数字资源管理和建设落后。主要体现在两个方面：一方面，原有的各类档案资源尚未实现数字化和网络化资源管理也较为分散，没有建立资源库系统和相应的管理机制，资源的管理和利用水平都不高；另一方面，尚未建立起结合课程、专业建设必要的网络课程资源，外购的数字资源较为宽泛、针对性不足，体量十分有限。

（二）基础设施不全面

一是信息化基础设施不完善。职业教育院校经过近几年信息化建设，基本构建好包括数据中心、高性能骨干网络等良好的物理设施基础格局，但是一些基础设施方面还需要完善，如网络布线不规范，数据中心性能过载，网络安全设备不完备，数据存储和备份能力不足等。二是尽管部分学校建立了数据标准和规范，但是一些系统并未按照规范和标准来提供数据接口，同时由于信息系统覆盖范围有限，信息和数据难以实现全面、及时、准确和高效的流转，冗余数据量大、数据不完整情况很多，数据信息对工作的支撑作用没有充分发挥。

（三）人才队伍不健全

一是信息化建设队伍人员不足。目前大部分的职业教育院校并不具备专门的信息化建设队伍，大部分信息化建设工作由学校办公室或者综合办公室负责，负责人员本身的信息化素养不高，并未经过系统的培训和学习。一部分院校通过服务购买的方式，进行了信息化建设的初步配置，但后期的维护和运营缺乏专门的人员队伍，导致信息化建设工作的持久力不足。

二是信息化应用自觉性不足。应用系统建设和使用水平不高，应用是业务信息化的载体和形式，是信息化价值最为直观的体现，当前问题现象主要包括：第一是一些信息系统建而未用，用而不全不精；第二是一些系统建设多年未升级，不能很好地贴合业务需求，无法较好地满足管理与服务；第三是大部分应用系统未跟上移动应用发展趋势，提供基于移动智能终端的交互操作，使用不够便捷；第四是存在大量信息化盲区，许多业务流程、教育教学还依赖于手工方式处理，不仅局部工作效率低、规范性差，还导致业务数据难以数字化、流程难以自动化，信息化无法推动全局效能的提升；第五是数据更新不及时，操作不规范，致使数据质量低，共享难度大。

二、提升职业教育信息化的对策

（一）强化信息化内涵学习，提高认识定位

学校应制定教育信息化发展规划纲要，把教育教学信息化摆在率先发展的战略地位，将教育信息化地位由“基础”向“中心”转变，以信息化带动现代化，持续不断推进改革。教师要更新教学观念、学习最新的政策文件、了解产业信息化发展程度和趋势，紧跟职业教育发展步伐。

(二)加大资金投入,加快基础设施建设

信息化建设重心应由“建设”向“应用”转变,聚焦网络平台体系、数字智能化资源、电子智慧校园、安全可信等方面的新型基础设施体系。健全资金投入机制,平衡软硬件资金分配比例,提高信息化设备利用效率。推进校园局域网提速升级,实现校园网络全覆盖。充分利用国家教育专网,如技工教育网和“互联网+教育”平台,支持学生自备移动设备进行掌上学习,实现个性化的教与学。完善师生数字档案存储记录学习经历与成果。保障绿色上网,保护学生视力健康,预防学生网络沉迷。

(三)内培外引打造信息化教师队伍

学校要注重打造一支以增强职业技术教育适应性为目标的教师队伍。探索校企合作双元育人新模式,以角色化、模块化、分工与协作化教学组织方式完成课程内容与职业标准对接、教学过程与生产过程对接,实现人才培养的创新。

信息化教学能力是教师的核心职业能力之一,信息化教学的常态化、智能化、个性化已成为教师职业能力发展的必然。教师的信息化教学能力有着多维性、差异性、动态性和阶段性等特点。教师对信息化教学的认知水平决定了其开展信息化教学的丰富性、针对性、能动性和积极性。信息技术是推动课堂教学改革的重要变量,教师是实现教学与信息技术融合的执行者。在教学中,如何提升教学能力一直都是教师关注的问题。教育信息化建设是职业院校提升教学质量的重要支撑,而提升教师的信息化教学能力则是学校教育信息化建设的关键突破口。

学校要加快实施职业院校教师信息化素质提升计划。做好多媒体技术应用短、中、长期培训规划,鼓励教师积极参加教师教学能力比赛、职业能力竞赛、信息化教学大赛等,培养教师的信息化创新意识,提高课程和信息技术的整合能力,全面提升教学能力建设信息化教师联盟,教研室之间、校校合作、校企合作,扩大优质资源覆盖面。

学校要建立“双师型”教师培养的长效机制。积极开拓市场，实现与企业密切合作，通过校企合作，派出师资到合作企业一线参加专业技能实践，跟岗锻炼参与企业生产实践，提高专业技术技能水平。熟悉合作企业信息化程度，引进企业技术人员担任学校兼职教师，改善教师队伍结构，提升教师驾驭课堂教学与实训教学能力。加强职业教育教师全员培训，转变教育观念，凝练职业教育的类型特色，扭转用普通教育的思路对待职业教育的教学、管理、评价的习惯。

学校要开展校本培训：可以采取灵活多样的组织形式，利用院校现有的信息化资源，信息化教学能力水平高的教师，对学院教师进行自主全员培训；根据自身发展需求以及专业特色，配合行业企业进行以任务导向、课题引领、企业实践的方式，邀请专家及名师团队对教师进行信息技术应用能力、课程资源制作教学设计编写等培训。学校还要开展校外培训，分期分批派出骨干教师参加国培、省培项目。通过有针对性的培训练习，教师能够掌握最新的信息化教学方式，开拓教师的思维方式，为其带来更多的教学灵感从而能够真正地进行信息化教学。

（四）加强教学资源建设，推动教育信息化

现代信息技术的发展和成熟普及为教师的专业化发展提供了必要的支持，打破了信息传播的单一性、单向性、模糊性，突破了时间和空间限制，能帮助教师在网络环境中获取丰富的优质教育教学资源，学习到最前沿的理论知识，也能帮助教师实现非面对面沟通交流，相互学习借鉴，共享专业资源。

学校要依托职教教学资源共享平台，构建适合学院教学的教学资源库，建设云教室、校本教学资源库，教师要充分利用线上教育平台，如技工教育网、学堂在线、智慧树网等。建设的内容包括专业人才培养方案、教材建设、课程标准、课程设计（教案）、知识点积件、实训指导书、精品（网络）课程、课堂实录、微课资源、音视频教学文件、全景实训室、通用主题素材、动画资源、幻灯片教学课件、试题库、精品视频公开课仿真实训等系列资源。教学资源模式实现由“高配”向“实用”转变。

第三节 现代信息技术与职业教育信息化发展

职业教育信息化是推动职业教育发展的创新要素，是改造职业教育传统教育教学模式的动力因素，是促进职业教育公平正义的重要手段。大力推动职业教育信息化，有助于提升职业教育创新发展的能力，促进职业教育教师信息化教学能力和学生信息素养的全面提升。当前，虽然我国职业教育信息化战略部署初步形成，基础设施建设逐步加强，管理规范和技术标准不断健全，数字教育资源开发和应用持续推进。但是从总体来看，与实现职业教育现代化的要求相比，职业教育信息化的发展水平有还待提升。为了进一步推进我国职业教育信息化创新与升级，适应当今职业教育改革和新型现代信息技术的创新应用趋势，为国家经济社会发展和现代产业转型升级供给大量掌握新型现代信息技术的高素质劳动者和技术技能人才，需我们深刻理解新型现代信息技术的特征以及新型现代信息技术对于职业教育信息化发展的重要作用与意义。

一、以新型现代信息技术推动职业教育信息化的必要性

职业教育是整个教育体系的重要组成部分，职业教育信息化是教育信息化的重要内容。职业教育信息化是职业教育教师和学生在基于网络环境的基础上，运用信息技术来推动职业教育教学改革和发展，从而实现职业教育现代化、满足时代和社会需求的过程。世界各国都已认识到教育信息化的重要作用，纷纷制定教育信息化的相关政策和文件，积极推进教育信息化。

二、以新型现代信息技术促进职业教育信息化的对策建议

（一）实现现代信息技术的相互融合，推动职业教育信息化

1.电子课本与增强现实技术的融合

电子课本要想在未来得到更好的推广与普及还需要不断地嵌入一些

新技术，如增强现实技术和视线跟踪技术。电子课本固然有其无法替代的优势，但是其最致命的缺点是其线性阅读过程。这种线性阅读过程限制了对学生发散思维的培养，并且使阅读成为一种被动接收信息的过程，难免使学生在阅读过程中感到枯燥无味。将增强现实技术嵌入电子课本中，可以使电子课本具有立体性和沉浸性。例如，当学生戴着头盔显示器在电子课本中看到某个知识点时，可以同时看到立体活动的物体，从而使学生沉浸在书中所描绘的三维虚拟世界中。目前，在亚马逊网站上出现了一些经过AR（增强现实）技术“增强”的图书，称为增强型图书（Augmented Books或Enhanced Books）。这些表面上与普通书并无二致的图书，在AR终端的作用下就会显现出不寻常的特点，如平面模型变成可操控的3D模型，平面地图变成可转动的地球仪，学生可以看到恐龙从书上站起来并缓缓走动，可以操控主人公的赛车网。电子课本和AR技术的融合无疑将对提高职教学生的学习兴趣和热情起到重要的作用。

视线跟踪技术应用于职教教学过程之中，可以提高教学效率与教学质量。例如，当学生不理解某些知识技术内容的时候，自然会反复阅读相关的内容或题目。这时，视线跟踪技术可以自动记录学生视线扫描题目的次数，当超过一定次数的时候，视线跟踪技术会通过系统提醒教师，学生对某个问题不甚理解，这时教师便可及时地、有针对性地给学生进行讲解，从而大大提高教学效率。

2.开放式电子徽章认证学习与网络课程相互融合

开放式电子徽章认证学习要想在未来得到更好的推广与普及，可与当下十分流行的网络课程相结合。网络课程有着共享优质资源的显著优点，但缺少在课程结束后必要的正规认证。因此，可以考虑在完成一定阶段的网络课程之后，针对课程内容制定相应的测试题目，学生通过相应的测试之后，给他们颁发电子徽章。这不仅提高了网络课程的正规性，也有利于开放式电子徽章认证学习技术的推广与普及。

(二)实现现代信息技术与职业教育教学深度融合,推动职业教育信息化

现代信息技术与职业教育的深度融合将有效解决现代信息技术在职业教育中应用成效不明显的问题。实现现代信息技术与职业教育教学深度融合。

第一,所有的利益相关者,包括职教教师、学生、企业中的技术开发人员、职业教育专家和学者需要共同参与到现代信息技术的开发与设计过程中来,在开发和设计现代信息技术的每个环节都要考虑现代信息技术的教育性问题,使现代信息技术能够满足职业教育的个性化需求。需要注意的是,现代信息技术与职业教育的深度融合还表现在外部组织的密切合作上。因此,科学技术部和教育部应该加强交流与合作,在宏观上促进现代信息技术与职业教育的深度融合。

第二,对于已经开发出来的现代信息技术,要大力挖掘其能够应用到职业教育各个领域中的功能和作用。例如,开放式电子徽章认证学习技术就有很多潜在的功能值得深入开发。开放式电子徽章认证学习能够帮助学生进行专业定向探索,允许学生在不同的专业领域采用开放式电子徽章认证学习技术,把学生在不同专业领域中通过开放式电子徽章认证学习获得的电子徽章的数量和等级作为客观的量化指标,以此作为确定学生所选择的专业是否适合学生本身的部分参考依据。

(三)转变职教教师对现代信息技术的态度和认识,推动职业教育信息化

首先,培养职教教师的信息技术素养和对现代信息技术的内在认同感。职教教师对现代信息技术的消极态度和认识主要源于职教教师的信息技术素养不高,如果能够提高职教教师的信息技术素养,职教教师对现代信息技术的态度和认识自然会转变。

新型现代信息技术对职业教育发展具有革命性影响,是推动职业教育信息化进而大量培养掌握新型现代信息技术的高素质劳动者和技术技能人才的重要动力因素。在以新型现代信息技术推进职业教育创新发展的进程中,我们必须准确把握职业教育信息化发展的重要机遇与基本要求,深刻认识新型现代信息技术对于引领职业教育科学发展的重要作用。在新型现代信息技术不断涌现,并日益深刻地改变着经济发展方式、教育方式乃至生活方式的大背景下,职业教育必须不断提升信息化基础能力,深化职业教育教学模式创新研究与实践,大力推进新型现代技术与职业教育教学深度融合。推动职业教育增加新型现代信息技术在专业课程教学中的应用,加强职业教育学生使用新型现代信息技术的综合应用训练,最终提高职业教育各专业学生的信息化职业能力、数字化学习能力和综合信息素养。

第四节 职业教育信息化建设的未来展望

自2010年国家开始建设职业教育改革发展示范学校、定期举办全国信息化教学大赛以来,国家、各地区、各学校均在职业教育信息化领域投入了大量的人力、物力、财力,可以说大部分地区信息化的硬件水平基本已经达标,但通过研究发现,无论是理论层面的思辨,还是从实践层面的创新应用来看,"信息化"的研究还有很大的可深入空间。

一、开展科研训练,提升职教教师科研能力和水平

理论研究是科学研究的基础,坚实的理论基础使研究能够有根可循,更能够清楚地界定所研究的核心概念,确保研究方向的正确性。同时,应用研究之后的理论总结和提升,能够让研究更上一个高度,让研究的适用性更强。通过对现有文献的梳理,我们可以发现,目前对于"信息化"的理论研究十分欠缺。很多研究核心概念界定不清楚,仅仅是简单的流水账式的信息化在某专业、某门课程中的应用过程,导致整体研究水平较低。职教教师普遍认为"做"的比"写"好,这与职教教师普遍学历偏低,缺乏科学研究能力训练有关。虽然近年来职教教师队伍中硕士研究生,甚至博士研究生逐渐增多,但总体来说,这个队伍的科研理论水平仍然不足。

未来要改变这一现状，一方面，学校可以设立专项经费，支持专业有需要、本人有需求的本科及以下学历的教师攻读硕士学位，系统接受科研规范化的训练。另一方面，搭建科研培训体系，主要包括以下三个方面：第一，在针对职业教育教师设计的各层级培训（包括国家级、省市级、区县级、校级等）顶层设计中加入科研培训的要求，从政策上保证职教教师有接受科研培训的权利。第二，在顶层设计指导下，系统设计科研培训课程内容，中观上保证职教教师接受全面、体系化的科研培训。第三，"个别化学习"与"传帮带"相结合，在普遍参与科研培训的同时，科研水平高、有经验的教师牵头成立专门方向的科研小组，组内成员共同开展课题研究、撰写论文等，"组团"发展，共同提高，微观上保证职教教师接受科研培训后的质量和效果。基于以上培训体系，职教教师的科研能力得以提升，便可以开展更高水平的科学研究，也会产生更多针对"信息化"的高水平研究成果。

二、加强机构间、作者间合作，提升研究质量

"信息化"作为一个重要的研究领域，对其开展系统、全面研究的意义重大。但现实中"信息化"研究核心作者群尚未形成且尚无合作关系。

针对这一问题，可以从以下三个方面着手：第一，职教教师进入高校访学、进行学历进修、进入专门教育研究机构挂职等，与高校、专门教育研究机构的研究者合作开展"信息化"相关研究，提升研究质量，扩大研究队伍。第二，注重"信息化"方面的重点帮扶，提升西部学校信息化软硬件水平的同时，与西部职教学校合作开展信息化方面的研究，提升西部地区职教学校在"信息化"方面的研究水平。第三，同一地区或不同地区的职教教师也可以合作开展"信息化"研究。跨层次、跨地区、跨学校的机构间、作者间的合作，更有利于碰撞出智慧的火花，完善信息化理论，更好地指导信息化实践。

三、营造研究文化，激发研究者的内生研究动力

现有研究中，具有创新性的、能够进行复制和推广的研究明显不足。研究与创新必将成为"信息化"研究的未来走向。

为实现这一目标，利益相关者应注意从以下三方面努力，促使学校教师、高校及研究机构的理论研究者们加强"信息化"研究，从"要我研究"向"我想研究"转变，激发研究者内生研究动力。第一，国家、省市级等相关科研项目的立项中，适度向"信息化"相关课题倾斜，鼓励高校研究者、专门教育机构的研究人员、教师申报。第二，国家、各省市相关部门可设立专门的信息化研究项目，吸引高校研究者、专门教育机构的研究人员、教师申报。第三，各学校完善相关规章制度，要求教师提高信息化应用能力，激励教师注重总结实践经验，进行信息化相关研究，有条件的情况下，为开展国家、省市级等信息化研究的教师、研究人员配套相应课题经费，协助他们开展课题研究、撰写研究论文。

与此同时，我们还应注重研究创新。"信息化"本身就是创新的代表，将具有前沿性的信息化理念、手段、方法应用到教育教学、管理中，应该出现更具有创新性的研究。一线教师和研究者应该敢想、敢试、能总结，形成可复制、可推广的信息化教育教学模式，不是为信息化而信息化，让它成为教师组织教学的"负累"，而让信息化成为教学质量提升的"催化剂"，真正将先进的信息化资源与职业教育的培养目标相结合，发挥信息化在人才培养方面的辅助作用，培养出新时代的创新型劳动大军。

第五章 现代职业教育高质量发展的路径

第一节 强化职业教育类型特色

一、巩固职业教育类型定位，使职业教育类型特色更加鲜明

因地制宜、统筹推进职业教育与普通教育协调发展。加快建立“职教高考”制度，完善“文化素质+职业技能”考试招生办法，加强省级统筹，确保公平公正。加强职业教育理论研究，及时总结中国特色职业教育办学规律和制度模式。

二、推进不同层次职业教育纵向贯通，基本建成现代职业教育体系

大力提升中等职业教育办学质量，优化布局结构，实施中等职业学校办学条件达标工程，采取合并、合作、托管、集团办学等措施，建设一批优秀中等职业学校和优质专业，注重为高等职业教育输送具有扎实技术技能基础和合格文化基础的生源。支持有条件的中等职业学校根据当地经济社会发展需要试办社区学院。推进高等职业教育提质培优，实施好“双

高计划”,集中力量建设一批高水平高等职业学校和专业。稳步发展职业本科教育,高标准建设职业本科学校和专业,保持职业教育办学方向不变、培养模式不变、特色发展不变。一体化设计职业教育人才培养体系,推动各层次职业教育专业设置、培养目标、课程体系、培养方案衔接,支持在培养周期长、技能要求高的专业领域实施长学制培养。鼓励应用型本科学校开展职业本科教育。按照专业大致对口原则,指导应用型本科学校、职业本科学校吸引更多中高职毕业生报考。

三、促进不同类型教育横向融通,全面推进技能型社会建设

加强各学段普通教育与职业教育渗透融通,在普通中小学实施职业启蒙教育,培养掌握技能的兴趣爱好和职业生涯规划的意识能力。探索发展以专项技能培养为主的特色综合高中。推动中等职业学校与普通高中、高等职业学校与应用型大学课程互选、学分互认。鼓励职业学校开展补贴性培训和市场化社会培训。

制定国家资历框架,建设职业教育国家学分银行,实现各类学习成果的认证、积累和转换,加快构建服务全民终身学习的教育体系。

通过加强组织领导、强化制度保障、优化发展环境,职业教育整体水平进入世界前列,技能型社会基本建成。技术技能人才社会地位大幅提升,职业教育供给与经济社会发展需求高度匹配,在全面建设社会主义现代化国家中的作用显著增强。

第二节 完善产教融合办学体制

一、产教融合的实施

产业与职业教育作为社会再生产链中的两个独立的领域和环节,社会职能不同,组织形式和行为模式也不同,然而,经济社会的生产与发展离

不开二者的紧密协作。产教融合，是指职业教育实施单位根据所设专业，积极创办相应专业服务业，紧密结合教学与产业，相互支持、相互促进，形成集人才培养、科研和社会服务为一体的产业经营实体，形成校企合作办学模式。借此手段和载体，职业教育、科技研究和社会服务等领域共同开展活动，教育与产业相交叉的新型组织形式由此形成。集教育、生产和服务于一体的崭新的组织顺理成章地培养适应市场需求的人才，它是教育与产业的深度合作，是高等职业院校与企业为提高人才培养质量而进行的深度合作。

未实施产教融合或产教融合度不深的职业教育，其培养的人才也大多不能完全满足企业的需求。产教融合犹如桥梁，打通人才需求侧和供给侧的通道，使高素质劳动者及技术技能人才培养、选聘、使用环节的各种信息与资源互通无阻。理想状态下，产教融合这座“桥梁”要充分发挥衔接沟通作用，还必须承担担保人和监管人的角色，这个主要由政府承担，主要体现在政府制定相关政策和制度上，并以国家力量保障政策实施，替产教融合清除障碍。产教融合这座“桥梁”的组织结构，呈“政府—企业—学校”三重螺旋式，换言之，即“政府—企业—学校”三方组成三角形的职业教育人才培养稳定结构。可以分别从宏观、中观和微观三个不同视角来理解其内涵。从宏观上来看，职业教育（尤其是高等职业教育）的发展之路，与国家和地区经济社会的产业需求、趋势和战略息息相关；从中观上来看，职业教育（尤其是高等职业教育）的发展规划与产业需求、趋势和战略密不可分，职业院校要与相关行业密切联系；从微观上来看，职业教育（尤其是高等职业教育）的专业设置、课程改革，要与工业企业的生产工艺、专业标准和岗位要求相衔接。

产教融合制度的预期靶向效应。无论是对于国民教育体系还是对于人力资源开发而言，职业教育都是不可或缺的。在传承技能、培养多元化人才、促进就业创业、促进经济社会发展等方面，职业教育功不可没。职业院校建立产学研结合的体制，希望在办学机制、办学主体、教育教学、资源建设等四个方面有明显靶向预期效果。

在办学机制上体现产教融合。产教深度融合是职业教育可持续发展的必由之路，应紧紧围绕创新驱动发展战略，加大应用型技术人才对产业转型升级的支持力度，走产教融合、校企合作的道路，在办学中发挥企业主体作用。政府所取得的成绩有目共睹：首先，贯彻多方参与、资源整合、优势互补、合作共赢的理念，在多主体、跨区域的前提下建立职业教育集团化联合办学机制；其次，推动校企一体化建设，广泛开展现代学徒制试点和订单式培养，探索建立招生即招工、校企联合培养、双主体协同育人的长效机制，积极推进专业教学进车间、校企师徒结对的有效举措；最后，制定激励政策，整合现有资源，建设校企共建产品研发中心、生产性培训基地和大学科技园，为专业教师与企业技术人员提供产学研合作交流及临时性岗位交流的平台，促进校企联合办学模式的形成。

在办学主体上体现产教融合。随着经济社会的进步和职业教育的发展，企业参与职业教育活动的积极性和主动性越来越高，在职业教育（尤其是高等职业教育）的发展过程中发挥的作用日益重要。高等职业院校产教一体化，离不开企业的加入和配合。校企资源整合所体现的积极意义不言而喻。经过多年的磨合，企业主动参加职业教育活动的意识逐渐加强。在产教融合的过程中，不仅更多的学校和企业实现双赢，还有更多主体实现共赢。

企业与高等职业院校携手在专业、课程、师资、实训基地、技术研发以及顶岗实习等方面推进产教融合。当然，这些合作项目并未平衡发展，这与企业的态度有关。企业具有较强的参加校内外实训基地和师资队伍建设的意愿，却缺乏足够的参与技术研发的动力。校内外实训基地和师资队伍建设作为产教融合的重要内容，不仅得到高等职业院校的重视，也获得企业的青睐。在加强校内外实训基地及师资队伍建设的同时，可以对学生进行专业培训。企业与高等职业院校进行技术研发的积极性不高，主要有三个原因：一是技术研究这项工作复杂、创新性强、成本高、见效慢；二是大多数高等职业院校的前身是中等职业学校，发展历史较短，研究能力不足,技术难题和问题短期内难以解决;三是产学研一体化运行机制不完善,不能妥善解决技术研发成果的所有权问题,加上缺乏激励机制和制度,所以难以提高企业参与技术研究的积极性。

如果说产教融合是个“跷跷板”,那么位于两端的产业(企业)与教育投入力度还不对等,教育处于“跷跷板”重头。两者主要在专业与课程建设、师资队伍建设、实训基地建设等内部教育环节展开合作。除了合作领域比较狭窄外,合作链条也不够长。两者主要在学生实习、就业阶段集中进行终端合作,缺乏前期的招生和培训环节的合作。在内外部培训基地和师资队伍建设方面,企业主导作用依然明显;企业工程师作为职业院校外聘的兼职教师,是产教融合的重要力量和教师队伍建设的主要环节。应完善实践实习指导标准,加强企业对实践实习的高等职业院校学生的规范化指导和管理。总体而言,在校企合作方面,企业的参与力度有所加强,校企合作的方向是全方位化、全程化的,产教融合的“天平”趋于平衡趋势。

在教育教学方面,产教融合主要体现为职业院校所培养的人才在数量和质量上满足产业需求。首先是标准对接。将行业标准、职业准入要求等产业对人才规格和质量的需求,融入学校人才培养方案、教学标准等人才培养实施标准中。其次是资源交融。行业、企业和高等职业院校都有自己独特的优质资源。各办学主体共建、共享资源,进而实施人才共育机制。最后是管理交互。有些企业与高等职业院校共同制定多学科协同管理的教学管理机制,共同进行日常教学管理。校企两大主体围绕教学目标、内容、方法、考核等内容,相互协商,调整和创新教学管理的内容和机制。此外,企业逐渐参与学生管理,将员工日常考核标准转化为日常教学目标,高校、企业、行业同步实施的学生管理机制由此形成。

在实习和就业方面,实行校企“双责”。双方应共同努力,合理安排学生的实习企业、岗位和工作内容,确保学生所学知识与实习、就业的内容相联系,做到学以致用。

在资源建设上体现产教融合。产教融合的关键在于“融合”,优势也在于“融合”,教育资源的建设情况是学校和企业融合的重要体现。因此,在教育资源建设方面,可以拓宽职业教育原有单一的资源投入渠道,更有效地增加企业的资源供给,实现教育资源的共建、共享与共赢。企业参与职业教育资源建设具有多种路径:第一,企业可以直接投入资金进行资源建设;第二,企业可以通过奖学金或助学金的形式支持职业教育的人才培养;第三,企业还可以投入现成设备,弥补职业教育硬件设施的短板。此外,企业与学校还可以采取共建共享的方式:校址、企业设备共建共享,校企共建师资队伍,校企联合研发课程标准,学校为企业提供专业培训和社会服务。总之,产教融合为职业院校的资源建设提供了更丰富的供给主体,提高了资源的利用率,促进了经济效益和社会效益的双提升。

二、产业学院的建设

产业学院是推动校企合作、深化产教融合的创新之举。以产业学院为载体,实现多元主体、多重要素以及内外环境的有效联动,是构建产教融合生态体、建设产教融合型城市、促进经济高质量发展的有效手段。

(一)产业学院的创生和内涵

1.产业学院创生的理论基础

知识生产模式是指知识产生和创造的方式,是人类探索知识过程中所形成的关于知识产生和发展的规律性框架,并随着人类文明的发展不断转变。

随着人类文明的发展,传统学科不断细分,学科知识呈现专业化、系统化、纵深化的发展趋势。知识的产生、创造与传播局限在学科范围之内,学科之间的壁垒不断加固,越来越难以取得知识理论的重大创新,限制了知识的进一步发展。“知识生产模式I”的局限性促使学者开始追求跨学科重应用的知识生产模式,产生了以“大学—产业—政府”三螺旋结构为特征的“知识生产模式II”,大学不再是单一的知识生产主体。随着社会的持续发展和经济全球化的不断深入,知识生产化、教学实践化、教育大众化等趋势日益增强,“公民社会”这一要素被纳入知识生产模式,形成了以“大学—产业—政府—公民社会”四螺旋结构为特征的“知识生产模式Ⅲ”,强调了知识生产的多主体、多边界与多形态。

知识生产模式的转变将知识生产的主体由大学扩大到政府、产业领域和社会公众,意味着政府指导、多方参与的产教融合体成为知识生产的新主体。而如何深化产教融合,成为知识生产模式转变后要解决的关键问题。

2.产业学院创生的实践基础

随着经济的发展,经济全球化推动了全球资源的交换和融合,人类社会正在迈入工业4.0时代,人才需求也发生了从量变到质变的跨越。同时,随着高等教育的大众化和普及化,劳动力的科学素质和知识水平显著提高,而传统的学科教育导致人才的实践能力不足,难以完成科学研究向实践成果的转化,技术技能型人才对于社会发展的重要性日益凸显。社会人才需求的变化倒逼高校人才培养方式的改革,高校教学与实践的融合愈加深入。

产教融合是职业教育的基本办学方式,高水平技术技能型人才的培养离不开职业教育的高质量发展。产业学院是实现产教融合的重要载体,是政策驱动的办学创新。2017年国务院办公厅印发的《关于深化产教融合的若干意见》提出,鼓励企业依托或联合职业学校、高等学校设立产业学院和企业工作室、实验室、创新基地、实践基地。至此,产业学院进入研究和探索的重要时期。

3.产业学院的属性和内涵

知识生产模式的转型与社会人才需求的转变形成现实耦合,推动了技术技能人才培养模式的创新,而产业学院正是培养高素质技术技能型人才的重要载体。张羽等认为,产业学院是行业、企业与高职院校依托自身的产业资源和教育优势,由学校、政府、企业、行业等多方主体共同参与,面向产业发展需求办学,以企业的生产过程、技术工艺、管理运营服务为教学和科研对象，实施人才培养、技术研发与产业服务的应用型专业学院。张志东等认为，产业学院是以支持区域产业发展需求为宗旨，以复合型、高素质技术技能人才培养为核心，整合校、企、行、政等多元投资者资源，融产、学、研、创、培、服等功能于一体的新型产教融合载体。

产业学院以提高高职院校服务区域发展的能力为目标，有其独特的属性，主要包括跨界性、区域性、系统性和发展性。

（1）跨界性

体现在产业学院横跨教育界和产业界，同时具备了教育性和产业性。产业学院的教育性体现为以培养高素质技术技能型人才为根本任务，既包含对全日制在校学生的教育教学，也包括对企业职工和社会大众的技术技能培训和服务。产业学院的产业性，要求其能够促进产业的转型升级，推动区域经济的高质量发展。产业学院作为产教深度融合的载体，离不开教育界和产业界的深度参与。

（2）区域性

体现在产业学院服务的是区域产业的发展和升级，与职业教育服务区域经济发展的功能相耦合。产业学院需要地方优势产业集群的强力支撑，具有强烈的地域色彩。

（3）系统性

强调产业学院是有机联动的统一体，实现教育界与产业界的资源整合，满足各方需求，形成多方参与、多重要素、优势互补、互利共赢的命运共同体。

（4）发展性

体现在产业学院要依托自身的发展，推动产业和人的发展。产业学院要把产业发展的需求、痛点和难点作为牵引自身发展的力量，把握产业发展趋势，开展技术攻关和产品研发，推动产业的转型升级；要通过教学和培训，打造终身教育体系，促进人的终身学习，实现人的终身发展。

笔者认为，产业学院是“四方联动、七位一体”的产教融合综合体。“四方联动”是指政府、行业、企业、学校四方联动，“七位一体”是指融生产、教学、研发、高新技术应用、创新、培训和服务七种社会功能为一体。

（二）高职产业学院的建设价值

1.解决校企合作中校热企冷的问题，助推产教融合型城市的建设和职业教育的高质量发展

在校企合作过程中，校企诉求不同，核心利益难以统一。学校期望提高人才培养质量和办学水平，而企业期望降低人力资源成本、增加收益。校企共建产业学院，在促进高职院校发展的同时，增加企业经济效益，校企形成利益共同体，推动产教融合型城市的建设和职业教育的高质量发展。

2.解决高职人才培养与产业需求不匹配的问题，推动高职院校人才培养质量的提高

近年来，职业教育改革不断深入，人才培养质量不断提升。然而，目前仍存在高职人才培养与产业需求不匹配的问题。校企共建产业学院，以产业需求引领教学改革，将专业群建立在产业链上，通过校企共同制定人才培养方案、课程标准、评价办法等，将人才培养目标与产业需求相对接，有助于增强人才与产业的适应性，提高高职院校的人才培养质量，解决人才供需矛盾。

3.解决职业教育认可度不高的问题，促进技术技能人才社会认可度的提升

职业教育与普通教育是两种不同的教育类型，具有同等重要的地位。然而，职业教育是“兜底教育”“职教毕业生地位不高”等观点依然存在。这固然与传统观念有关，但也与目前职业教育人才培养质量不高、职业院校社会影响力不大等原因密切相关。通过产业学院的建设提高人才培养质量、提供优质服务、打造职教品牌，可以解决职业教育的“认同危机”。

4.解决产业转型升级困难的问题，服务区域经济的高质量发展

顺利完成转型升级，是新时期企业做大做强的关键。联合校企双方智力资源，可以为产业转型升级提供智力支持和技术支撑，促进区域经济发展同时，产业学院可以对劳动者进行“入门—初级—高级”的综合性、全方位的技术技能培训，劳动者可以实现“学习—实践—创收—再学习—再实

践—增收”,农村劳动者以及城市低收入群体可以通过产业学院的学习与实践获得就业机会、增加收入。因此,建设产业学院也是保障社会民生、促进乡村振兴、实现共同富裕的重要途径。

(三)高职产业学院的建设路径

1.打造校企资源共享体

(1)加强顶层设计,强化主体地位,形成政、行、企、校“四方联动”的管理运行机制

关于强化主体地位,张志东等认为,政府应出台相应文件,明确产业学院的法律主体地位,以使其获得可持续发展动力。何鹏认为,可以建立校企双主体混合所有制二级产业学院,保证二级产业学院的独立法人地位。笔者认为,高职产业学院是产教融合的实体化机构,应作为独立主体承担生产、研发和社会培训等功能,在自我发展的过程中获得经济效益。产业学院是校企双方的深度合作,还需要加强政府的指导和行业的引导,形成政府、行业、企业、学校“四方联动”的管理运行机制,以制度规范管理,一是要制定管理办法,明确产业学院各方的责、权、利分配。政府和行业牵线搭桥,推动产业学院建立理事会,校企双方共同参与决策,保障产业学院稳定运行,既平衡校企双方的利益,又保障产业学院能够可持续发展。二是要制定实施细则,明确各方具体职能,确保四方功能联动、职能互补,避免职能冲突,政府加强宏观统筹,优化政策供给,为产业学院提供金融、财政、信用、资金等优惠政策。行业要及时把握行业发展动态和精确的人才需求信息,协调校企间的各项资源,保障人力资源供给与产业需求无缝对接,引领产业学院发展方向。学校可以与行业龙头企业以及部分中小微企业共同合作,企业提供生产项目、设备以及资金,学校为企业提供稳定的人力资源和教师智力资源,协助企业进行产品研发和技术升级。校企双方共同制定产业学院建设方案推动产业学院的发展。

(2)加强资源整合,建立共享机制,形成多方资源互补互利的资源管理体系

产业学院由人、财、物和信息等要素构成，而人、财、物等要素的流动则依赖于信息的共享。因此，要搭建信息交流平台，促进学校和企业相互了解，确保产业学院各主体的信息客观性、时效性和准确性，避免信息不对称带来的矛盾和决策失误，以高效、精准的信息共享促进各方资源有机整合，为产业学院的运行提供保障。

此外，要形成互通互利共享的资源管理制度，在产业学院建设过程中，校企资源的投入和诉求各不相同，这也是制约产教进一步融合的关键所在。因此，要建立投入资源以及产出成果的共享机制，实现人力资源、智力资源、场地、设备、资金、研发成果、生产收益等资源的重组和利益的合理分配，形成校企命运共同体。

2.打造教育教学共同体

(1)加大教育教学改革力度，推动专业建设和课程改革

一是加强专业建设，推动专业链与产业链有机融合。坚持产业需求导向，建立专业动态调整机制，打破原有的专业组群逻辑，将专业群建立在产业链上，以产业发展促进专业与专业群建设，以专业和专业群的发展推动产业的技术转型和升级，促进经济发展。二是重构课程体系，推动课程改革，课程内容与行业标准对接，将行业最新的知识与技术融入教学内容，实现教科研成果反哺教学，保障教学内容的科学性和前沿性。三是创新人才培养模式，提高人才培养质量。校企共同制定人才培养方案，实现项目化教学，帮助学生在真实生产项目中学习知识、提高能力、增强素质。

(2)建立有效的师资互通机制，实现校企双师共育

通过聘用企业高水平技术能手为兼职教师、企业大师传帮带学校新教师、学校教师到企业生产一线锻炼以及引进高水平“双师型”人才等方式，建设高水平的产业学院“双师型”教师队伍。产业学院教师需要具有师范性、专业性和职业性。师范性要求教师拥有良好的师德师风以及教书育人的能力，专业性要求教师有扎实的专业理论知识，职业性则要求教师具有较强的实践能力。

加强产业学院的师资培训，以职业院校的师资力量提高企业教师的技术理论水平，以企业的生产研发任务倒逼职业院校教师提高生产实践的能力，并进行技术创新。以培养“三性融合”的教师为目标，促进校企师资的交流和互通，实现教师个人以及团队的可持续发展，为提升人才培养质量和促进产业转型升级提供智力保障。

(3)建立科学的评价体系，提高人才培养质量

要坚持评价主体多元性，建立政府、社会、学校和企业等利益相关者共同参与的多元评价体系，将定性和定量评价相结合、过程与结果评价相统一，将校企合作程度产业发展适配度、人才培养质量、科研成果产出以及对地方经济的贡献度等内容纳入评价指标，以此为导向，促进产业学院的建设和发展。

3.打造生产实训共同体

产业学院的教育性要求学生可以在产业学院进行实习实训，结合所学知识进行实践，培养专业技能。而产业学院的产业性要求其具有独立的生产功能，能够承担社会生产任务。

因此，应以产业学院为载体，将实验实训平台与生产车间合并，搭建生产性实训平台，实现生产与实训的有机融合。一是以生产过程为指引，实行项目化教学实践，推动实训课程改革。将企业真实生产项目作为产业学院实训内容，让学生真正接触生产一线。学生可以在实训过程中完成生产任务，同时通过产品的批量生产，提高学生的技能水平和熟练程度。此外，学生也可以通过参与生产全过程，了解生产中不同岗位的职责和功能，拓宽学生的岗位适配渠道，增强人才培养与产业的适应性。二是引入高新技术，加强数智化管理，提高生产效率。在实训、生产过程中注重高新技术的应用与推广，打通从创新到应用的“最后一公里”，实现高新技术与实训、生产的融合。以信息化手段促进实训、生产过程的数智化转型，提高产业学院的生产效率。三是打造产品品牌，建立产品销售渠道，提高职业教育的社会认可度。以产业学院生产的高质量产品打造品牌，

树立良好的口碑,提高高职院校的社会影响力和技术技能人才的社会认可度。四是合理分配经济收益,保障产业学院稳定运行。允许产业学院将生产、实训的产品转化为经济收益,按照相关制度进行利益分配,增加合作企业的经济效益。

4.打造培训服务联合体

产业学院拥有政府、行业、企业和高职院校四方支撑,拥有企业的技术技能型人才和高职院校的师资力量,拥有行业领先的技术和先进的设备,因此独立承担服务社会的责任,形成培训服务联合体。一是加强行业内培训。以行业内部中小微企业为培训对象,以提升行业发展潜力和竞争力为目标,以紧贴前沿的理论知识和“高、精、尖”的技术为培训内容,促进中小微企业的技术转型和升级,带动区域的中小微企业增收,推动地方经济的发展。二是加强社会培训。职业教育是与经济发展关系紧密的教育类型。产业学院是产教深度融合的平台,亦是保障民生的重要载体。打造校企培训服务联合体,可以为社会提供大量技术技能人才,为产教融合型城市的建设奠定基础。同时,培训向低收入群体倾斜,传授基础的理论、实践知识,促进就业,为维护社会稳定实现乡村振兴和共同富裕提供保障。

5.打造科技创新综合体

科技创新是产业发展的根本动力,因此,应整合校企双方资源,针对产业发展的关键问题进行协同创新,实现教育链、产业链与人才链、创新链的有效衔接。一是要加强理论和科学研究,以理论创新和科研成果引领和指导实践。二是要加强技术技能的创新,开展技术攻关,力争实现技术突破,引领行业的技术发展,以技术技能的创新降低生产成本,提高生产效率。三是要加强产品研发以及研究成果的转化,将科技创新成果物化为看得见、摸得着的产品,以此获得经济收益,推动行业发展。产业学院的科技创新主体既包括教师和企业技术能手,也包括产业学院的学生,要将科技创新的意识渗透到教学、生产的各领域、全过程,培养能够解决实际生产问题引领行业高质量发展的大国工匠。

第三节 创新校企合作办学机制

一、校企合作概述

（一）校企合作的内涵

1. 校企合作的概念

校企合作是主谓结构。“校企”是主语，主语中又存在着并列关系，即“校”与“企”并列，也就是说概念的主语是双主体。由此看出校企合作的字面意思是产学合作、双向参与。

（1）模式说

模式说是把校企合作认定为一种人才培养模式，从中又产生不同的观点，其中较为流行的观点是认为校企合作是一种利用学校和企业两种不同的教育环境和资源，采取课堂教学与学生参加实训工作有机结合的方式，培养适合不同用人单位需要的具有职业素质和创新能力人才的教育模式。对于模式说中存在的培养创新技术人才与应用型人才之争，校企合作是学校与企业通过在资源、技术、师资培养、岗位培训、学生就业、科研活动等方面的合作，利用学校与企业不同的教育资源和教育环境，培养能适应市场经济发展、适合企业需要的应用型人才为目的的教育模式，利用学校与企业在人才培养方面各自的优势，把以课堂传授间接知识为主的教育环境与直接获取实际经验与能力为主的生产现场环境有机结合起来，最终实现学校与企业双赢的人才培养模式。校企合作是学校解决实验、实训资源、场所不足和学生就业困难等，构建“双师型”教师队伍的需要；是企业获得优秀技术人才，零距离顶岗就业员工，解决科研问题的需要。

（2）机制说

机制说认为，校企合作开展职业教育是一种以市场和社会需求为导向的运行机制，是以培养学生的全面素质、综合能力和就业竞争力为重点，利用高职院校和企业两种不同的教育环境和教学资源，采取课堂教学和学生参加实际工作有机结合，来培养适合不同用人单位需要的高级应用型人才的教学模式。它的基本内涵是产学合作，双向参与；实施的途径和方法是工学结合，顶岗实习；要达到的目标是提高学生的全面素质，适应市场经济发展对人才的需要。具体来说包括以下内容：资源共享与技术的合作、专业设置与课程体系开发的合作、岗位培训与实验实习的合作、师资培养与科研的合作。

(3)中间组织说

中间组织说认为，所谓校企合作是指在为社会教育和培训合格的劳动者这一目标下，开展职业院校与企业、行业、服务部门等校外机构之间的合作，将学生的理论学习和实际操作或训练紧密结合起来，以提高职业教育的质量和未来劳动者的素质，并增强企业部门与毕业生之间双向选择的可能性，最终促进社会经济的发展。

校企合作是一项涉及学校、企业、院校主管部门和政府等的系统工程，是一种利用学校与企业不同的教育资源和教育环境，借助院校主管部门和政府等的外界力量，以培养适应经济社会发展、适应行业企业所需人才为根本目的的办学模式。

2.校企合作的本质

(1)校企合作的教育模式

校企合作教育模式是一种以社会需求为导向的运行机制，其人才培养的过程由企业和学校共同参与，共同研发制定教育计划。校企合作人才培养模式与传统的教育模式不同，它是由单一的学校教育转化为学校和企业共同教育、由封闭式的学校教育转化为开放式的社会教育、由以理论学习为主转化为以实践教育为主的人才培养模式。

(2)校企合作的双方目标

校企合作是学校与企业两类不同社会组织的结合。校企双方，作为校企合作关系的直接利益关系方，一个是非营利性组织，一个是营利性组织，二者的行为规则和利益诉求均不相同。职业院校作为非营利性组织，从事的是社会公益事业，提供的是教育公共产品，以服务为宗旨，追求的是社会效益的最大化；而企业作为营利性组织提供的是商品和服务，以营利为目的，追求的是利润的最大化。在校企合作中，学校的目标通常是通过校企合作共建实习基地，为学生提供实习条件，推进双师培养和专业与课程改革等；企业则希望在校企合作中达成以下目标：获得技术支持、进行合作科研开发、员工培训、未来稳定的用工来源和社会声誉等。校企合作作为教育与经济合作的具体化形式，其实质就是教育根据企业需求，主动适应并为企业服务的合作，体现了教育必须适应经济发展，为经济发展服务的规律要求。

(3)校企合作的法律关系

当前，校企合作的法律关系基本上是一种民事合同法律关系。所谓合同，是指平等主体的自然人、法人、其他组织之间设立、变更、终止民事权利义务关系的协议。它具有平等、自愿的特征，是合同当事人共同的意思表达，对于当事人具有法律约束力。校企合作合同与其他的民商法合同一样，它的主体，即当事人是学校和企业双方，是学校和企业把它们参与合作的意愿落实在书面协议中。而校企合作涉及的其他利益相关者，如政府、行业和学生等则根本不是合同的主体。这样，作为校企合作的重要的推动者，政府及其相关职能部门就可能完全置身事外，把校企合作当作是学校的办学自主权，认为是学校的职责而不作为。另外，从校企合作合同的基本内容来分析，校企合作意味着企业和学校确立了合作伙伴关系，并且以双方当事人的协议为基础，因而只能依据合同法的原理来明确双方的权利和义务。

因此，可以说校企合作的本质首先是一种办学模式，其次其合作是为了培养人才，其组成要素不仅有学校和企业，还应有院校主管部门、政府部门等利益相关者。

(二)校企合作的特征

职业教育校企合作的办学形式和开展内容必须围绕职业教育人才培养的目标、功能和定位,充分了解企业的需要,联系当地的经济优势,实现校企合作共赢的目的。

1.功利性

职业教育校企合作从一开始就以培养符合职业岗位要求的人才为目标,包括产学结合、工学结合乃至产学研结合,具有较强的功利性。因此,学习和生产相结合的主要目的是使学生学习知识,养成良好的职业素养,培养和提高专业能力、方法能力和社会能力,最终使他们完成由学习生涯向职业生涯的过渡。

2.教育性

职业教育是以培养学生职业能力为目标,是一种具有强烈经济行为和企业行为的教育形式。因此,校企合作的首要目标就是培养高素质技能型专门人才。校企双方以人才培养为共同目标,以岗位需求为导向,转变育人理念,强化人才意识,优化专业设置,明确培养目标,制定教学标准,整合教学资源,共同参与人才培养的全过程。这既是校企合作的内在要求,也是其本质属性——教育性的体现。

3.互利性

合作是社会互动的一种方式,它是指个人或群体之间为达到某一确定的目标,彼此通过协调作用而形成的联合行动。因此,职业教育的校企合作作为一种社会互动方式,在合作过程中各参与方具有共同的目标、相近的认识和协调的互动,也就是具有行为的共同性和目的的一致性,即互利性特征。这里的目标实际上是一种利益,它是仅通过一方的行为无法实现的利益,企业、职业院校、教师、学生和企业员工所有获得利益均是通过互动合作来实现的,参与方既不应该只有行为而没有利益,也不应该只有利益而没有行为,否则校企合作只能是一种短期行为。因此,互利性是实现校企长效合作的基础。

4. 经济性

校企合作办学是以经济社会需求为动力，面向地方经济社会发展设置专业，人才知识与能力结构符合社会需求，教学科研体现改革思路。校企合作办学是以紧密型、融合型基地建设为重点，抓住校企合作的关键，突破传统基地的学生实操单一功能，着重建设具有多功能、多层次的紧密型、融合型基地，把紧密型、融合型基地作为实施体化办学模式的重要基础。

5. 创新性

创新是一个民族进步的灵魂，是国家兴旺发达的不竭动力。创新是职业教育探索校企合作办学发展之路成败的关键。因为，在进一步完善职业教育的人才培养过程中，探索校企合作的人才培养模式，既是一个不断改革创新的过程，也是职业教育提高人才培养质量和实现可持续发展的必然需求。由于职业院校所处区域和面向行业不同，校企间的合作形式、内容与方式必然也不相同。在校企合作的过程中参与各方要以求真务实的态度和改革创新的精神寻求校企合作的有效途径，如果仅仅是照搬一些不太成熟的经验和做法，而没有结合各参与方实际情况进行改革与创新的校企合作，不可能真正实现校企合作办学的目标。

6. 多样性

校企合作必须是全方位、多层次的合作，合作的形式、内容和方式呈现出多样化的特点，如职业院校和企业的合作、职业院校专业和企业部门的合作、技术的合作、人力资源与物质资源的合作、信息的合作、研发的合作等。职业院校、企业、政府、社会等以多方生存和发展的共同愿望为基础；以人才、技术、效益为结合点，充分挖掘校企合作的内容和形式；以发挥各自优势为条件，遵守市场经济规律、职业教育规律；逐步形成互利互补、良性循环、共同发展的长效合作机制，满足经济社会迅速发展和人力资源的动态性需求。校企合作的多样性是实现以服务为宗旨，以就业为导向的办学理念的重要措施，是实现校企长效合作机制的重要保障，是校企合作成功的重要标志，否则将会影响校企合作的广度、深度和效益。

7.文化性

校企合作同时也是一种文化合作。目前大多数企业在激烈的市场竞争中已经形成了具有特色的企业文化，包括先进的理念、合理的制度、科学的管理、严谨的态度、完善的服务以及和谐的氛围等，高素质技能型专门人才培养需要企业文化的熏陶，学生作为校企合作的主要参与者，在各种不同方式的校企合作中，不但学习了专业知识和技能，也为学生深度接触社会、了解社会开辟了途径，同时也使学生能够接受企业文化的陶冶，逐步形成积极认真的工作态度、严谨细致的工作作风和团结合作的工作精神等职业素养。在校企合作的过程中，一方面，企业文化和校园文化的交流、渗透和融合，可以不断丰富校园文化和企业文化的内容，完善校园文化的职业氛围，提升企业文化的层次，实现校企共同更好更快的发展。另一方面，在校企合作过程中，企业参与职业院校的管理，企业先进的理念和开放的文化将打破职业院校传统的、封闭的管理与文化，特别是企业良好的服务理念和完善的服务体系融入，将会帮助职业院校全体教职工树立服务意识，形成良好的服务育人氛围。由此可见，校企间的文化合作——文化性，充分体现了校企合作的层次和水平。

二、校企合作的必要性与形式

（一）校企合作的必要性分析

1.有利于职业院校发展

（1）有利于职业院校软硬件的建设

校企合作可以有效地利用企事业单位的现有软硬件设备，有效地解决职业院校投入不足的难题。

（2）有利于职业教育办学资源的积聚

校企合作办学资源的积聚主要表现在三方面：一是，有利于积聚政府资源，充分利用政府的调控职能和政策制定者优势，发挥政府在职业教育中的主导作用，包括人、财、物资源政策，校企合作政策。从某种意义上说，这种资源虽然抽象，但受益面相当广泛。二是，有利于集聚行业资源，依托行业、服务行业是职业教育的重要特征,是行业政策的制定和行业发展政策的引导者,如能把职业教育的有关事项嵌入其中,则一定会收到事半功倍的效果。三是,有利于集聚企业资源,企业需要高职院校的服务,也能给职业教育发展带来更多的机会,如学生实习就业的机会,教师实践和锻炼的机会,整教整学的机会,生产技术一线技术和标准充实着教育教学的机会,这都是学校办学不可或缺的资源,在合作过程中,必然会相得益彰、互动发展。

(3)有利于职业院校人才培养目标的实现

职业教育的目的是培养面向一线的高技能人才。人才的实践性、应用性是主要特征,面向基层、面向县域、面向中小企业是其基本定位,毕业与上岗零过渡是其目标追求,对此,我们对职业教育的人才培养定位是面向基层一线的高技能、高适应人才。为了实现这一目标,必须因材施教,必须引进生产、建设、管理、服务第一线的具体工作规程和实践知识,必须使教学与实践的距离最小化,必须引进生产建设、管理服务一线的能工巧匠、业务能手和经营专家来从事教学工作,必须使学生有足够的机会和时间进行实习和实践,真正体现教学做一体化,但这一模式的实现,仅停留在学校本身单一主体,应该说是不可能实现的。职业教育不是普通教育,它不仅仅是知识和理论的传授,而且是理论与实践相结合的教学,必须把生产建设管理服务线的鲜活知识、鲜活案例带进课堂,在学校与企业多主体的合作中才能实现。

2.有利于企业发展

(1)有利于减少人力资源成本

随着企业的发展,企业对人才的需求量也随之增大,但是由于许多毕业生往往无法达到用人单位的岗位要求,需要企业在他们上岗前对他们进行二次培训,这样大大增加了企业的人力资源成本。同时由于现在人才的流动性增大,许多企业在付出了巨大的培训成本之后往往无法获得应有的收益。校企合作将学习与工作、理论与实践、学校教育与企业用人需求有效结合起来，完善了学生的知识结构，提高了学生的动手能力。通过建立校企合作管理，学生能够在毕业时达到其岗位要求，从而有效地降低企业的人力资源成本。

(2)有利于企业经济效益的提高

从现实来看，企业发展的动力源泉是经济效益，企业只有赢利，才能发展。而影响经济效益的因素是多方面的，包括产品、成本、资金、技术、人才等。在具体的生产过程中，企业往往会遇到技术、人员等方面的难题，如果仅仅依靠自己，解决问题有一定难度或者周期过长，影响企业的绩效。从学校来说，它可以为企业提供相对较廉价的学生劳动力，从而使企业能降低成本，而学生通过长时间的在校学习，一般都掌握了一定的技术，学生到企业去顶岗实习，既可以锻炼自己，也可以发挥技术优势，帮助企业提高利润。校企合作，学校还可以为企业提供较强的师资队伍，老师通过带队实习、检查指导等形式，参与企业生产，能够帮助企业解决技术难题。

(3)有利于企业技术创新

从实际情况来看，职业院校以及科研机构每年都有大量的新成就、新技术推出，但是这些科研成果往往要经过较长时间才能转化为经济效益，其主要原因是企业和学校、科研机构联系不紧密，合作较少，双方互不了解，使得技术推广难度大。随着现代社会竞争的加大，企业要发展，要提高经济效益，就要缩短技术创新的时间，降低成本，提高效率。开展技术创新和产品改革已经成为企业维持和获取竞争优势的重要手段。单纯依靠企业自身积累远远不能满足社会快速发展的需要，因此，通过相互间合作研发新技术、开发新产品已经成为企业发展的必然趋势。

3.有利于师生发展

(1)有利于打造“双师型”素质师资队伍

高素质的师资队伍是提高职业院校教学质量和人才培养水平的关键

因素。通过校企合作,职业院校的教师可以定期以脱产或半脱产形式到企业、事业单位进行跟岗实践锻炼,很好地弥补岗位能力和实操能力不足的问题;同时,企业、事业单位的专业技术人员和高级管理人员经过适当的岗位培训后也可以到高职院校进行兼职教学,从而解决实操教学师资不足的问题。因此,与企业的深度融合能够为职业院校培养一支具有高素养和高技能的“双师型”素质师资队伍,从而优化师资结构,提高师资水平。

(2)有利于培养学生职业能力

在校企合作模式没有开始前,学校由于财力缺乏,各专业的实习实训条件不能达到课程标准。而通过校企合作可以让学生选择与专业对口的实践工作,学生要转变自己的身份以一个职业人的要求完成用人单位交办的工作,到毕业时,学生就有了相关专业领域的工作经验,有些甚至还未毕业就已经成了企业的骨干。由此可见,通过校企合作,可以培养学生的动手能力、综合分析能力、独立完成工作的能力和应变能力等职业岗位能力,从而完成学生从“学生—学徒—职业人”的转变。

(3)有利于拓宽学生的就业途径

校企合作及时帮助学生掌握就业信息,实现学生就业和企业用工的顺利对接。目前,应届毕业生在谋求就业遇到的障碍之一是信息不对称,不能获得必要、及时的就业信息,这在一定程度上导致学生付出很大的经济、时间和机会成本,而不能找到适合自己的就业岗位。通过校企合作,极大地增加学生接触企业等用人单位的机会,使他们在实际生产和服务过程中,熟悉企业对人才素质的要求,了解企业聘用新员工的意向,直接或间接获得有用的就业信息。同时,通过校企合作,把握了行业发展趋势,掌握了企业用人需求,实现了“订单式”培养,大大改善了毕业生的就业状况。

(二)校企合作的形式

职业教育集团作为产教融合、校企合作和工学结合的重要载体,受到政府的高度重视，学校和企业积极参与，受到职业教育研究者的高度关注，相关研究成果颇丰。但通过检索中国知网等数据库，笔者发现，有关职教集团校企合作形式方面的研究，尤其是相关的理论探讨尚处于空白状态。因此，笔者拟对职教集团校企合作形式进行理论上的初步探讨。

职教集团校企合作的表现形式和呈现方式多种多样，依据一定标准可以对其进行适当划分，以利于准确认识、理解和把握校企合作。

1. 长期合作与短期合作

这是根据合作期限的长短所做出的划分，需要说明的是，长期与短期不是绝对的时间概念。长期合作也并非专指长期的、持续性、单一项目的合作，长期的、断续性、多项目更替式的合作也可归于长期合作，其唯一标准为时间长短。长期稳定的合作有其原因：或利益关系稳定，如双方合作开展技术研发、推广不断取得新成果、新效益，推动合作意愿不断强化，合作关系日趋稳定化、长期化；或合作属于常规性、稳定性的长线项目，例如校企合作开展就业、生产性实习等；或合作本身需要持续较长时间，如订单培养等。显然，长期稳定的合作可促使各方更加了解和信任，利益关系更紧密，合作成果更多、效益更大，同时发展为更紧密、更稳定、更广泛领域以及更深层合作的机会大大增加。但短期合作也有其自身价值，除直接带来合作成果和效益外，也可增进了解、积累合作经验。事实上，多数长期的紧密合作都是从短期合作发展而来的。

2. 一对一合作、一对多合作、多对多合作以及全成员合作

这是根据职教集团成员校企合作参与面的不同，即参与成员数量的不同所做出的划分。就现实而言，当前职教集团采取一对一或一对多校企合作形式的居多，主要是一所院校与一家或多家企业，或者一家企业与一所或多所院校就同一事项开展合作，多所院校与多家企业就同一事项开展合作也时有出现，集团全体成员就某一具体事项开展合作的情况则相对少见。

一方面，尽管参与面不是影响合作效率的唯一因素，但参与成员越多，利益、行为、关系等方面的协调就更加困难，合作效率往往有所下降。

另一方面，更多参与成员的合作使其成果的受益面更广，更有利于扩大职教集团的社会影响。

3. 基本合作与深度合作

在实践中，职教集团校企合作的深入程度有所不同。所谓基本合作，是指表现为或短期，或局部，或就具体事项开展的合作。这类合作一般不够稳固，达到目的后各取所需即宣告结束，是职教集团校企合作中最为常见的合作形式。所谓深度合作，是指双方或多方建立了紧密而稳定的合作关系，一般表现为在强有力的利益纽带连接下，各方共同制定战略规划和实施计划，就某一或若干领域、事项开展长期、稳定、逐渐推进、层层递进的合作。其表象特征表现为利益纽带的有力性，合作的长期性、稳定性，以及合作关系的紧密性，其实质是深度性，即合作的逐渐推进、环环相扣、层层递进。

4. 松散合作与紧密合作

这是根据集团校企合作关系的紧密程度做出的划分。紧密的校企合作通常表现为合作各方感情深厚、来往频繁且合作稳定、持续，合作项目多、成果多，合作层次高、程度深等。究其原因，主要是合作纽带有力，比如有直接的经济利益纽带、有政府的指令性要求等；或可合作的领域广、利益交汇点多；或可对合作各方产生重大利益影响。松散型合作与紧密型合作的外在表现相反，各方为达到一定目的而进行的具体的、浅层的、偶发的合作。之所以如此，主要是合作虽对各方利益均能造成一定影响，但这一影响是有限的、短期的、局部的。

紧密合作与松散合作也没有绝对的划分标准，根据需要还可增加一个灰色地带：半紧密型或半松散型合作。紧密合作能够产生重大合作效益，为合作各方带来重大或长期利益，对于合作各方至关重要。但松散合作却是大量、普遍存在的，其受益面与影响面更广，并且很多紧密合作都来自松散合作，孰优孰劣不可一概而论。

5. 经济利益合作与非经济利益合作

职教集团校企合作需要一定的利益纽带将各方相互连接，这一纽带可以表现为直接的经济利益，如通过校企合作为企业带来直接的经济收益、税费减免、成本降低，为学校减少实训设备耗材投入等；也可以表现为非经济利益，如通过校企合作扩大企业和学校的知名度、影响力，学校为企业培训员工以提高其技术技能水平，以及企业设立奖学金吸引优秀毕业生等。校企合作对于各方必须有利可图，否则合作无从谈起，但学校和企业的利益诉求存在一定差异。企业以追求经济利益为最终目标，能够带来经济利益的合作对于企业具有强烈的吸引力，非经济利益之所以也能够成为合作纽带，是因为对企业而言，它最终能够转化为经济利益。学校的根本职能是培养人才支持经济社会和行业发展，尤其是政府举办的职业学校具有稳定的办学经费，经济利益并非考虑重点，而更多把合作的注意力集中于让学生获得更好的生产性实习实训条件、派教师企业顶岗锻炼、企业兼职教师的聘用以及学校在行业企业影响力的扩大等非经济利益。校企合作必须充分考虑校企双方利益追求的差异性，充分照顾不同的利益诉求，寻找利益的交汇点和交融点。

6. 单方获益合作与双（多）方获益合作

这是按照校企合作获益主体的不同做出的划分。一般而言，合作获益应当是双向（多向）的、对等的，但现实中却也存在单方获益的合作。例如，企业和科研院所单方面为职业院校的教学及科研提供单方面协助、便利，院校为定点扶贫企业提供无偿员工培训、技术指导等。多（双）方获益的合作是指合作各方均能不同程度受益的合作。

双（多）方获益的校企合作是普遍存在的，居于主导地位的合作容易被理解，在此不再赘述。单方获益合作原因多种多样，主要包括：政策因素，例如：职业院校为定点扶贫企业提供无偿员工培训、技术支持、市场信息、销售渠道等；政府因素，例如：行业主管部门为支持职业教育，要求所属企业、科研机构为院校提供必要的帮助和协助；感情因素，例如：校友为母校提供无偿协助、帮助等。校企合作以利益对等为原则、单方获利为补充。单方获利型合作由于利益的不对等,大多是偶然的、短期的、简单的合作,为了使合作深入、持久,需要寻找和创造共同利益。

7.战略合作与战术合作

战略与战术原为军事概念,战略一般指全局性的、长期的规划和谋略;战术一般理解为短期内为达成一定目标而选择的手段、技术和方法战略,与战术的区别在于宏观与微观、全局与局部、长期与短期、谋略与技术。我们将战略与战术的概念引入职教集团校企合作,从三个维度考察战略合作:一是时间维度,战略合作一般是长期性、持久性合作;二是空间维度,战略合作通常是全面合作、全局合作;三是结果维度,战略合作可能对合作方产生重大的、全局性、持久性的影响,甚至事关生存的关键发展利益。上述三个维度中,时间和空间维度往往是表象,结果维度更具有实质意义。与此相对应,战术合作一般是短期、局部、具体的合作,对合作方一般不会产生全局性的重大影响。

在职教集团校企合作实践中,战术合作是常见的、普遍的,各方为实现若干具体目标展开合作,如合作开展"订单培养"、技术研发推广、企业员工培训、学生实习实训、开发教学文件(人才培养方案、实训指导书、特色教材等)、建立人才资源库以及"校中厂""厂中校"等。这类合作的优势是目标指向明确、操作相对简单、各方承担的责任和风险有限、成效短期可期。战略合作一般需要合作方投入更多的人力、物力、财力和精力,付出更多的时间成本,尽管合作可能带来重大发展利益和机遇,但也需要承担更大责任和风险。

8.内因合作与外因合作

外因和内因是哲学范畴,此处借助这一范畴阐述校企合作的起因和动因。内因合作是合作各方出于自身发展需要而主动开展的合作,如企业为获得优质的培训资源,学校为获取培训收入、锻炼师资,双方开展培训合作,这种合作均出于内在需要,是自发的,无需外部推动力。外因合作是因外部推动力而导致的校企合作，例如应政府的要求，学校为特定对象（如对口扶贫企业）提供无偿的员工培训，企业根据主管部门的要求向学校无偿捐赠设备、提供实训实习场所等。在实践中，外因一般表现为政府或上级的指令和要求。

职教集团绝大多数校企合作为内因合作，外因合作只在特定情况下发生。外因合作由于其动因的外在性，具有阶段性强、持续性弱、合作事项单一等特点。为使合作持续下去，必须通过一定的制度和机制设计，将外在动力转化为内在动力。例如将参与乡村振兴有关业绩纳入院校考核体系、“双高计划”等建设项目的申报和验收指标体系，将企业支持和参与校企合作的业绩纳入政策性税费减免或给予其他优惠的条件。外因合作的意义还在于可以加深彼此了解，发现新的内因合作领域。

9.教学合作、人才合作以及社会服务合作

职教集团是整合社会职教资源的组织，因此站在职业院校的角度，根据合作领域和合作项目性质的不同做出形式上的划分。这样的划分标准看似依据合作的内容而非形式，但相对于校企合作本身而言却也是形式上的划分。

教学合作是指教学领域的校企合作，例如校企共建人才培养方案、课程标准、特色教材、实训指导书等教学文件，共建校内外实训基地，共同开展教育教学活动等；人才合作是校企双方围绕人才资源的整合、引进、共享，以及人才水平的提升等开展的合作，如校企共建共享人才资源库互聘兼职人才、学校开展企业员工在职学历教育和非学历培训、企业提供教师专业实践锻炼岗位等；社会服务合作是校企双方开展的为合作企业方或第三方提供技术研发、推广、项目建设、员工培训等服务的合作，相对学校而言属于社会服务工作。

从当前集团校企合作的实践来看，教学、人才、社会服务领域的合作是校企合作的主要方面，但不排除还有其他领域的合作，且合作领域的划分是相对的，存在一定交叉，如兼职教师的聘用既属于人才合作也属于教学合作,企业吸收专业教师联合开展技术攻关既属于社会服务合作也属于人才合作。合作领域与合作项目的不同,必然导致合作的愿景和目标有所不同、合作方法及形式有所区别,在实践中需要妥善处理。

现实生活丰富多彩,职教集团校企合作形式多种多样,除上述合作形式外,还可包括但不限于实体合作与文化合作;制度合作与非制度合作;持续合作与断续合作;对等体量合作与非对等体最合作;职业院校与国有企业、非国有企业单位等的合作,诸如此类不一而足,由于未做深入调查和思考,在此不敢妄加议论。

三、职业教育校企合作现状分析

(一)校企合作内容从单一走向全面

校企合作内容主要从过去仅仅解决学生顶岗实习或教师挂职锻炼等单一内容,逐步走向人才培养、科学研究、社会服务的全面合作;从学校有求于企业转向共同合作,为企业开展双元制的成人学历教育、岗位技术培训,帮助企业解决技术和开发难题等都成为合作的重要内容。企业业务骨干和学校骨干教师互兼共用也成为重要载体,促进了教育和企业的共同发展。

(二)校企合作条款从抽象走向具体

过去谈校企合作主要是格式化、简单化的抽象条款,具有实质性内容的不多,合作是战略性的,而不是操作性的。经过近年来的改革和探索,尤其是国家示范性高职院校建设的推动,校企合作不仅多样化,而且变得更具体化,已经上升到了机制层面、操作层面。特别是引企入校机制的建立,校企共办专业和二级学院机制的建立,校内实训基地生产化和校外实训基地教育化的形成,有力地促进了工学结合和顶岗实习人才培养模式的推进。

(三)校企合作人才培养质量提升

发展到今天,职业教育大众化已十分深入,人才紧缺与人员过剩两者并存,一方面是用人单位招不到适需人才,一方面是大学生就业难,在这种背景下，人才的适应、适需和对口显得尤为重要。正是因为职业教育抓住了校企合作这一载体，才使开放式办学模式有望深入进行，进而为人才培养模式改革创造了条件。

（四）校企合作的政策体系不断完善

党的十八大以来，国家层面和地方层面的职业教育校企合作的政策法规陆续出台，校企合作政策法规框架体系日臻完善。

1.职业教育校企合作政策法规的数量不断增加

依据北大法宝法律数据库的统计，以“校企合作”字段进行全文检索，以党的十八大召开至今为检索日期，检索到涉及校企合作的中央法规司法解释439篇、地方性法规规章6037篇。一系列的政策、法规及规范性文件，都对职业教育校企合作做出了方向性指引和政策性要求。

2.职业教育校企合作政策法规的内容不断丰富

从整体来看，职业教育校企合作政策始终围绕着职业教育校企合作的治理、职业教育校企合作的办学和职业教育校企合作的人才培养展开。中央和地方出台的校企合作政策法规涉及合作形式、促进措施、监督检查机制等方面内容，校企合作政策法规的内容日趋丰富。

（五）校企合作的模式不断丰富

党的十八大以来，职业教育校企合作的模式不断丰富和创新，而且形成了一定特色。在政府指引和行业企业支持推动下，职业院校不断探索创新校企合作模式，取得了较好的成效。例如，长沙环境保护职业技术学院与北控水务集团合作共建“产业学院”，在教学团队建设、课程体系构建等方面深度合作，为北控水务集团乃至整个环保行业培养输送高技能人才；湖南汽车工程职业学院与湖南中车时代电动汽车股份有限公司共建二级学院——“新能源汽车学院”，二级学院成为共享人力资源、科研成果等资源的平台，校企共同培养行业最需要的新能源汽车人才。

四、职业教育校企合作亟待解决的问题

尽管我国职业教育校企合作在实践中不断推进,取得了一定的成效,但仍处于中等偏低的发展水平,存在着一些需要解决的问题。

(一)校企合作处于低层次

目前,校企合作大多是自发性的行为。不少学校开展校企合作仍停留在聘请企业专家上课、送学生去企业参观实习、共建实训教学基地等浅层次合作。这些合作大多是短期的、不规范的、靠感情和人脉关系维系的,未能形成统一协调的、自觉的整体行动。尽管大部分合作签订了契约,但是契约本身的质量和执行情况并不理想。企业投入资源的数量较少,且以资金成本低,风险相对较小的人员、技术、信息、实习实训设备等资产为主,投入方式以捐赠这种企业对合作资产行使权利最小的方式为主。在各合作项目中,除"顶岗实习及指导"这项合作是以校企共同主导为主以外,专业建设、课程建设、师资建设、实习实训基地建设、学生能力考核评价研究开发、招生就业等都是以学校为主导,没有以整体战略作为视角制定可应用的资源响应产业所需求的技能人才的具体措施。可见,校企合作中,企业的主导性还很低,双方合作还处于低层次。

(二)企业参与性不高

在寻找合作伙伴中发现,企业主动与学校联系"校企合作"的不多,积极性不高,多数企业认为培养技能人才是学校的事,与企业关系不大,即使不通过合作方式,企业同样可以招聘到所需人才;有的企业由于生产任务无定数,用工需求难以预测,对于安排学生进厂实习尤其是进行适应性实习,一般不乐意,担心影响生产进度和效益。

实际上,通过校企合作,企业不仅可以直接获得人才储备,还可以提高在职在岗员工的技能水平,优化企业人才结构。企业到人才市场去招聘高技能的应用型人才所支付的成本比通过校企深度合作双方共同培养出来的应用型人才所支付的成本要高很多。

（三）校企合作稳定性差

不论中等职业学校，还是高等职业学校，学制一般为3年，也就是说人才培养周期为3年。在校企合作培养人才的过程中，双方还有一个互相了解、互相适应、互相调整的过程，要不断地发现问题并修正和完善人才培养方案，才能使人才培养质量得到保证。一般认为持续5年或5年以上的校企合作会具有较高的切合度和稳定性。

（四）校企合作法律体系不健全

校企合作要求理想的制度环境。综观发达国家的经验，健全的法律体系对职业教育进行“企业参与、行业引导、政府主导”有了规范。借鉴国外经验，我国也正在探索适合中国国情的校企合作制，虽然有了一定的效果，但是依旧处在基础时期，未能获得突破性的进展。虽然国家和地方政府高度重视职业教育，但还没有形成完善的法律、政策和制度体系，缺乏根本性的保障。

五、职业教育校企合作高质量发展的创新之路

（一）校企合作的内容创新

校企合作关系到职业教育能否办出特色，而能否办出特色正是职业教育兴衰成败的决定性因素。近年来，人们已经普遍认识到产学研结合是职业教育发展的必由之路和成功之路，校企合作是职业教育产学研结合的主要形式，职业院校应加强校企合作的研究，更新校企合作理念，创新校企合作模式，建立和完善校企合作机制。针对校企合作的诸多缺失，我们应该对校企合作进行新的探索。

校企合作的理想追求应该是建立在校企互动、企业与学校相互渗透，形成人才培养、技术进步、校企竞争力等都能得到提高基础之上的“互惠、多赢”的合作目标。这种校企合作，将最大限度地实现学校和企业资源、环境的共享，有效发挥学校和企业各自的优势。但在实践中，校企合作需要相应的条件、时间以及感情投入，需要第三方的协调，需要政策与资金

的支持。在不同的经济社会发展阶段、不同的科学技术发展阶段、不同的产业与教育发展阶段，特别是校企合作双方密切程度不同以及合作时间长短不同，合作内容都有较大差别，进一步拓展合作内容，从传统的合作到新型的合作，从部分合作到全方位合作，从初步合作到紧密合作，使合作内容逐步升级，实现双赢与多赢，应该是职业院校与相关企业合作的目标追求。

（二）校企合作的模式创新

1. 创新校企合作办学模式

校企合作不论采取何种形式，归根结底都是校企双方在大目标一致的基础上各尽所能的合作。因而，要深化校企合作，必须促使校企双方通过更多的交流实现深度融合。据此，应建立和完善校企合作双方定期交流制度，规定学校的专任教师与合作企业中胜任专业技能教学的人才分批轮流进行为期1~2年的互派换岗。其间，学校专任教师在企业专业对口岗位上以实践锻炼为主，同时可根据企业员工需要为其做一些理论知识辅导，或与企业有关人员一起从事科研项目；企业人才在学校以从事专业技能实训课教学为主，同时可与相关教师共同承担科研任务。这既有利于增强学校教师队伍的专业技能教学能力，又有利于提升企业员工的文化素质和专业知识水平，会使校企双方在内涵方面实现优势互补，在利益上各有所得，改善以往校企合作中双方受益失衡状况，构建以人才交流与互融为基础，更有利于发挥人才互利作用的校企合作办学新模式。

2. 创新校企合作育人课程内容

教材作为课程内容的基本依据，其质量对教育教学质量起着决定性的作用。职业院校所用教材要充分适应企业对技术技能人才培养质量的要求，实现课程内容的创新。为此，一是作为教材主编方应邀请企业有关专家与任课教师一起拟订更加适合现阶段技术技能人才培养需要的课程新标准，然后将现有教材中的内容与该标准相对照，探寻教材内容推陈出新更适合人才培养需要的新思路，拟订编写或修订教材的计划；二是在组织教材编写队伍时，既要挑选教学经验丰富、研究水平较高、写作能力较强的任课教师及相关研究人员参加，又要从企业吸收一些实践经验丰富、专业知识功底深厚的高技能人才，让他们依据新的课程标准，以其所长、尽其所能地参与主编、编写或审阅教材；三是在编写教材过程中，要注意搞好参编教师及相关研究人员与企业人员的分工协作，使教材内容充分反映企业生产和经营管理实践中的新情况，从而增强新颖性、先进性和适用性，保证教育教学的质量。

3.创新校企合作育人教学方式

以学生为主体，使教育理念从“以教为本”到“以学为本”转变。不仅要在教学目标上使学生重视专业能力的形成，让学生们在计划、判断、分析上得到系统的锻炼，还要在教学模式上让学生们从灌输式学习变为项目教学，最终使得他们能获得个性化的发展并具有自我评价的能力。

(1)采用开放互动的教学模式

创新能力和实践探索精神，互动式教学模式的创造和实践是一种教学改革意识和探索精神的校企互动，根据企业需要，设置专业课程，设计培养方案，构建学生应具备的知识、能力和素质架构体系，制定企业全方位参与教育教学的“过程互动”运行机制，强调“互动细节”使学生得以将理论与实践相结合，全面提升综合运用知识的能力。

(2)企业内容融入日常学习

随着企业对于人才的要求越来越高，职业院校的课程教学模式也呈现出多样化的趋势。将企业的实战融入课程中已经迫在眉睫。以国际化、企业化为标准，设置知名企业的最新案例，可以让学生直接了解到一流国际企业的运作模式、职业要求和工作规范，在教学过程中注重创意式和实战式教学，使学生一毕业即符合企业的要求。

3.举办学术或设计竞赛活动

在时尚设计或快速消费领域，企业更新换代不断加快，往往在研发时产生思想瓶颈，而在校学生们的发散思维，可以为解决问题提供很多创新的建议，企业从中受益匪浅。职业院校以学术研究或设计竞赛形式开展一些活动，由企业提供主题，学校通过各种形式组织比赛和活动。

4. 创新校企合作就业途径

在当前毕业生就业难度比以往更大的情况下，一方面，职业院校应继续采用组织学生去企业上岗实训实习、聘请企业高技能人才来校作为兼职教师参与授课或指导学生实训、加强教师教学能力建设等方法，使学生切实掌握专业知识和技能，提高综合素质，增强就业能力；另一方面，应拓宽眼界和思路，力求在校企合作就业方面突破常规，有所创新，即协助企业拓展生产经营，以此增加企业的技能型工作岗位，从而更有效地解决高职院校毕业生的就业问题。

5. 创新校企合作发展平台

校企合作发展平台是职业院校与企业赖以开展互利活动的一定空间范围和基础条件，其活动项目的种类越多、技术含量越高，这个平台就越广阔、越有利于校企合作的发展。应改变以往校企合作大多局限于一般项目的状况，促使校企双方着眼于适应产业转型升级需要。企业要改造落后工艺技术、提升全面质量管理水平、降耗增效、循环利用资源、开发新产品和新技术等项目，凭借各自优势，广泛开展合作，并根据这些项目进展的需要培养技术技能人才。

（三）校企合作的机制创新

校企合作的机制是指运行层面，包括院校与外部（政府、企业等）运行机制和院校内部运行机制。校企合作机制的设计要遵循教育与培训的基本原则，遵循平等互利的原则，遵循专业化分工和社会化服务的原则，遵循利益相关者权益平衡的原则，明确校企合作中双方利益与责任关系等。

1. 树立职业教育校企关系的新理念

（1）树立大职业教育系统观，变革职业教育校企合作制度

教育观念的转变是教育制度变革的前提。从教育制度构成上来看教育制度观念是构成教育制度的基础或教育制度体系产生与实施的合理性

根据，是关于教育制度的基本概念与主要理念，它构成教育制度的价值基础，是教育制度不可或缺的重要部分。目前，社会对职业教育的理解还较狭隘和局限，认为职业教育是教育系统的责任，企业承担教育的责任只是对在职员工的继续教育与职业培训。这种观念在行业企业中尤为突出，在这种观念的支配下，产业部门、行业企业参与职业教育的积极性和主动性都受到极大的影响，职业教育不能体现在产业发展、行业规划和企业战略中，表现为产业系统和职业教育系统的不和谐，即职业院校专业设置与经济发展需求的不匹配、毕业生就业率不高和“用工荒”的矛盾。

大职业教育系统观是职业教育校企合作制度的思想基础。大职业教育系统观始终把职业教育放在社会大系统的发展变化中，将职业教育与社会经济发展紧密结合在一起，把职业教育系统与产业系统、职业学校与企业作为一个有机统一整体，是注重职业教育校企合作整体性和开放性的观念。这是一种新的职业教育视野、新的思维方式，它要求无论是决策者还是实施者，都要重新认识职业教育，重新认识职业教育与产业、职业学校与企业的关系，树立“政府主导，校企一体化”的新理念。

(2)尊重技能型人力资本形成规律，构建校企一体化的合作体制

教育的最基本职能是培养人。职业教育既是一种教育活动，也是一种经济活动。作为教育活动，职业教育承担着培养技能型和技术型人才的重任；作为经济活动，职业教育是技能型人力资本形成的重要途径。长期以来，人们习惯从教育活动的角度来理解职业教育。然而，在经济与教育关系越来越密切的今天，仅从教育角度认识职业教育就显得过于单一。因此，从教育和经济两个方面来认识职业教育更能反映职业教育的本质。技能型和技术型人才的培养是从一个准员工开始到成熟的技能专家的过程，也就是从通用性技能型人力资本到专用性技能型人力资本的过程。在这一过程中，职业学校与企业是个系统中两个相互依存的主体，在人才培养的不同阶段或人力资本形成的不同阶段发挥着不同的作用。离开了职业学校或企业任何一方，人才的培养过程或人力资本的形成过程就无

法完成。所以，只有尊重技能型人力资本形成的规律，才能构建校企一体化的合作体制。

2.加强职业教育校企合作顶层设计

顶层设计是源于自然科学或大型工程技术领域的一种设计理念。它运用系统论的方式，是一种自上而下的总体构想和战略设计，注重规划设计与实际需求的紧密结合，强调设计对象定位上的准确、结构上的优化、功能上的协调、资源上的整合，是一种将复杂对象简单化、具体化、程式化的设计方法。顶层设计从系统和全局的高度，对设计对象的结构、功能、层次、标准进行统筹考虑和明确界定，强调从理想到现实的技术化、精确化建构，是铺展在意图与实践之间的“蓝图”。职业教育校企合作的发展已经经历了一个较长的探索期，现在需要进入制度化发展时期，制度化发展需要紧密结合经济社会发展的需求，对合作的目标、合作的路径进一步明晰，对合作中管理主体、实施主体、协作主体的职能进行明确定位，制定出系统的、可操作的制度和政策措施，需要顶层设计。

（1）完善组织结构，全面规划设计职业教育校企合作

职业教育校企合作是一个涉及职业教育全局的战略性工程，这一战略性工程的设计规划和实施需要强有力的组织结构支撑。以职业教育校企合作指导委员会为平台，从国家的层面制定职业教育校企合作整体战略，全面设计规划职业教育校企合作。职业教育校企合作的顶层设计，使校企合作系统中的所有子系统协调运行，产生整体效应。

（2）建立决策体系，统筹协调职业教育校企合作的利益关系

决策是利益相关者相互协调利益和意见的过程。职业教育校企合作具有多元利益主体，要协调各方主体的利益，达到利益的均衡，需要建立职业教育校企合作决策体系。要建立有效的决策关系网络，首先，各级政府在校企合作决策机制的制度设计上要保证决策过程中参与校企合作的相关各方有各种利益和意见都能够进行充分协商。这一决策过程既要包括教育部门、产业部门、财政部门等决策者，也要包括职业学校、企业、学

术机构、研究院所等决策参与者，使决策成为决策者和决策参与者共同作用的结果，成为各种利益和意愿表达、整合和提升的结果。其次，要从制度层面科学地规范校企合作决策过程中各利益相关者的权利关系。科学界定决策过程中各利益相关方的权利关系和决策参与者的权利是保证校企合作决策实现充分协商的重要前提条件。重新分配教育部门、产业管理部门和人保部门在职业教育校企合作中的管理职能，将职业教育管理权力统筹到教育部门，职业培训考核与证书颁发管理权力统筹到人保部门，职业培训制度的管理权力统筹到产业管理部门。

3. 创新国家校企合作组织管理体制

要把加快发展职业教育摆在更加突出的位置，更好地支持和帮助职业教育发展的要求，应突破职业教育只归教育部门管理的传统思维方式，成立政府层面的强有力的职业教育管理机构，由该机构对包括校企合作在内的所有与职业教育相关的工作进行规划、指导和协调，实现校企合作组织管理体制的创新。为确保该机构对各有关方面进行协调的有效性，其第一负责人最好由政府主要领导兼任。为使该机构准确、及时地了解情况，研究问题，做出决策，其组成人员不仅应包括政府所属的发展改革、财政、经济、人力资源和社会保障、教育等相关部门的主要领导，还应包括行业组织、与职业院校有合作关系的企业和职业院校的主要领导及有关专家学者。该机构应定期召开办公会议，确定工作任务，并成立常设办公机构，明确其工作职责，以加强职业教育的科学管理，特别是要处理好校企合作方面遇到的难题，使校企合作在新的组织管理体制下得到有力保障，重点完善企业参与职业教育的有关制度。

职业教育校企合作中一个突出的问题是企业参与职业教育有关制度的缺失和不完善，主要表现在还没有将企业作为职业教育实施中的一个重要主体，没有让企业直接承担职业教育的任务，使企业处在职业教育责任缺失的状态。要解决这一问题，需要重点完善企业参与职业教育的有关制度，使企业教育职能制度化。

4.建立教育部门与产业行业协商机制

在技能型人力资本形成和积累的过程中,由通用性技能型人力资本向专用型人力资本的转化,需要从国家层面,对这一运行过程进行较为详细的规划和顶层设计。在大职业教育系统中,职业教育子系统与产业子系统之间需要建立协商机制,职业教育子系统与产业子系统之间的协商其实质是如何建立教育部门、产业部门和行业组织关系的问题。因此,迫切需要搭建职业教育与产业行业、职业教育与行业协会组织、职业学校与企业之间的工作平台,建立他们相互之间的协商机制。

(1)建立职业教育与行业对话协商机制

职业教育是与经济社会发展关系最密切、贡献最直接、服务最贴近的教育类型,职业教育与行业的对话协商机制应以国家层面为主通过制度的建立加强职业教育与行业的协作。建议在部委行业管理机构中设立职业教育管理部门或在相关部门增加职业教育管理职能,落实行业职业教育管理工作的开展;成立行业指导委员会,委员会由行业主管领导和部门组成,负责行业与职业教育的高层交流。通过行业管理机构中职业教育管理部门的设立和行业指导委员会的成立,开设校企合作网络信息交流平台,开展网络办公,及时发布行业最新发展动态,行业技能人才培养和培训情况、供需变化等;建立定期例会制度,保持经常性的对话,促进职业学校教育的专业与行业企业岗位的对接课程与职业标准对接、教学过程与生产过程对接,真正实现校企一体化。

(2)建立职业教育与行业协会协作机制

在大职业教育系统中,行业协会是行业、企业的代表,其了解行业、企业的需求和发展趋势,独立于政府和市场之外。行业协会作为校企合作的一个协作主体,弥补了校企合作中政府和市场作用的不足,在行业、企业与职业学校之间发挥重要的资源配置作用。各类行业协会通过行业协会委员会进行协调,与职业教育部门和职业学校建立经常性的对话协商机制。首先,要健全行业协会组织,发挥行业协会的职业教育功能。从整体上来看,行业协会还缺乏对职业教育的关注,缺乏主动参与职业教育的意识。因此,政府应把校企合作中的一些细节工作下放给行业协会,通过各种方式健全行业协会组织,让行业协会参与到职业教育的管理和决策中,加强行业协会的职业教育功能。其次,增强行业协会的自治。行业协会应相对独立于政府机构真正反映行业、企业的现实状况和利益诉求,在职业教育校企合作规划制定、决策形成中发挥有效作用。应从法规上明确行业协会在职业教育中的协作地位和作用,明确确立在职业教育中的权力,促使行业协会在法规保障下参与职业教育,发挥行业协会的职业教育功能。

5.进一步完善政府投入为主的多渠道经费保障机制

职业教育校企合作的发展是职业教育事业整体的发展,涉及招生、教学、就业全过程,涉及基础建设、师资建设、专业课程建设等硬件和软件建设,经费保障是职业教育校企合作的根本,应进一步完善以政府投入为主的多渠道经费保障机制。

6.改革职业院校管理机制

(1)建立多渠道的筹集教育经费机制

一是争取企业的研究合作经费。由于国内大学都是采用年度预算方式进行拨款,各项预算资金的使用都有明确规定,不得跨项使用经费,导致自主支配不足。而自从有了研究经费后,职业院校可从研究经费收入中预留部分为发展资金,为年轻教师提供科研资助,鼓励他们更多地参与各种研发,以提高职业院校的整体水平。

二是共同出资成立合资机构。具有独立法人资格的职业院校与企业以股份制形式进行校企合作。企业以设施、场地、资金等多种形式向职业院校注入股份,校方以技术、科研、师资等折换成股价入股,教师以多元身份参与企业运营,担任企业的顾问,为企业的研发计划或技术瓶颈提供咨询意见,建立长期技术合作关系,分享企业股权,同时企业对大学的课程设计及研究计划也提供建议等,这样的校企合作模式可以使双方共享效益。

(2)建立企业参访及定期回访机制

职业院校的专业建设与市场需要之间存在着时间上的差距,很多时候职业院校费了精力进行专业建设之后,市场信息和技术等又出现了变化。为了使人才培养中教学内容和企业同步,就需要建立企业参访和定期回访机制。

企业参访即学生通过走访企业,了解企业及其业务。企业参访的具体活动包括学生搜集企业信息、选择被访企业、联络企业、参访计划、现场参观、记录参访内容、汇报参访结果等。通过企业参访,学生能增强职业意识和从业责任感,同时企业也能发现学生的潜在素质和能力,从而达到学习和互动的双重效果。

定期回访,即职业院校组织教师深入企业调研,调研内容包括专业教学与企业需要是否同步、课程设置与企业实际是否相融等。通过回访调研,职业院校能收集到企业负责人对专业建设的建议。在综合整理相关企业的建议后,职业院校可以组织相关专家、教授进行论证在条件具备情况下,根据企业实际需求有针对性地进行课程建设和教学改革。

(3)建立兼职教师管理运行机制

为了让培养的人才能更加符合市场需要,需要建设面向全市大型优秀企事业单位的兼职教师师资库。职业院校可以聘请企业的高层管理者和技术人员担任学校的客座教授;企业资深人员除了定期到学校开展各类演讲和交流活动外,还能积极参加学校的专业建设活动。此外,又能够担任课外辅导导师,指导学生开展各种相关技术领域内的学术研究活动,实践和理论课程相结合,形成有利于学生们成长的良好氛围。

(4)建立学生职业发展管理中心,助力学生走向社会

学生职业发展管理中心的概念就是指服务于所有大学在读的学生,帮助学生获得职业生涯成功发展所需的职业素质和技能,使学生明确自己的职业发展方向,全面增强学生职场竞争的综合实力成立学生职业发展管理中心,即搭建学生与雇主之间的桥梁。通过建立各种渠道来加强学生与企业间的交流与沟通,包括职业咨询、职业培训、邀请企业嘉宾参加

职业主题沙龙等，组织学生团队进入车间，培养毕业生对企业的忠诚度，协助学生找到适合的岗位。

受到知识型社会对人力资本日益重视等多重因素的影响，教育市场正在经历着巨大的变化，这为校企合作的发展带来了巨大的动力。职业院校只有建立起市场化管理的机制，才能培养出符合市场经济管理的人才队伍，教学上、项目上，甚至合资、股份制形式的校企合作都只是一个开始。从长远来看，符合市场经济规律和要求的职业院校群体逐渐形成以后，职业院校和企业之间的分工、合作都将达到一个新的高度。无论是企业参与教育，还是职业院校参与生产、制造和营销等经济活动，都会实现相当程度的专业化，从而为培养人才和科研做出更多的贡献。

(5)健全职业教育校企合作科研服务机制

职业教育校企合作的实践需要理论的指导，应采取有力措施，加强职业教育科研机构建设，加强校企合作的科学研究，推动校企合作的科学实验，形成完善的国家职业教育科研网络体系，建设一支具有较高素质和较强科研能力的职业教育科研队伍，加强对校企合作重大问题、热点和难点问题的研究，为职业教育校企合作的宏观决策、科学管理提供服务。

第四节 深化教育教学改革

一、现代职业教育教学课程改革

(一)现代职业教育课程概述

1.现代职业教育课程建设的特点

科学技术的迅猛发展，人类知识与信息的爆炸式增长，特别是互联网及大数据技术的快速发展将进一步打破传统学科或行业界限，出现跨界融合、跨产业交集，出现新的产业和新的业态，产生更多新的、复合型的职能岗位，专能型的劳动者将越来越不能适应社会生产、生活服务的需求。为了更好地适应新的就业形势，培养出更多综合素质过硬的职业技术人才，必须加强对高等职业教育课程模式的改革。首先，课程模式改革应当充分考虑社会对人才的需求，重视对成长型人才、融合型人才的培养。其次，进行人才培养应当从有利于就业的角度出发，使今后为社会输送的劳动者能够具备更丰富的、更广泛的知识面，具备更多的职业技能且有较好的创新能力，并具备终身学习意识，以便能更好地适应市场经济产业结构调整。这反映在高职教育课程建设上，就是要让课程设置更加具有整体性、综合性、融合性。

2. 现代职业教育课程建设的依据和流程

高职教育课程的建设必须以人才培养的目标作为主要依据，即培养出知识面广泛、专业知识技能掌握全面、具备创新思维以及能力的全面型人才。

(1)分析职业性质

一般应由“专业建设委员会”来进行，组织好“专业建设委员会”是关系到课程建设的前提，选好职业分析和专业建设委员会的成员，以确保调研工作的真实性、广泛性和深入性。委员会的成员应当包括与专业相对应的行业资深专家、工作于一线的专业技术人员、用人单位代表、学校教授相关专业课程的教师及教研人员、教授基础课程的教师以及相关的教研人员等。

(2)确定职业内容

通过科学的职业分析法来确定职业内容，即先对一个专业(群)或一个行业进行深入调查研究，然后将该专业(群)或该行业所需要的技术知识操作技能、操作顺序、操作频率、工作综合能力等，转化成具体的任务，并最终将实现任务的目标变换成课程教学内容。它同时也是确定“课程模式”即课程设置中课时多少、比例大小，专业含量多少的主要依据。落实在实际中，首先应当由专业建设委员会成员对职业建设进行调查研究，然后从综合素质、能力等方面进行分析总结，之后从事专业工作、教育等的相关专业人员对职业要求的综合能力从基础能力、专业能力其他方面的能力进行分解，分层、分步培养高职学生的职业需求的基础知识和技能、专业知识和操作技能、沟通协作能力、持续学习能力、创新能力组织协调能力等。

(3)对各类能力的培养进行分类

应当对以上各类能力的培养按照课程设计进行分类，使每一课程都有明确的能力培养目标，形成相应的课程体系，安排教学顺序、课时进度等。在构建课程内容体系时，要重视和加强课程整合工作。课程整合是高职教育课程建设的非常重要的一项工作，针对高职教育特点，应将基础理论课、专业理论课、专业课进行必要的整合。开设基础理论课的主要目的是打实学生的知识基础为应用做好铺垫，另外应当注意教学中适当培养学生的知识延伸能力，教学内容设计应当合理、实用理论课课时可以适当减少，多增加实践课程的课时，进行专业理论课教学模式的设计应当采取“倒推法”从一线岗位入手，进行岗位需求的解析，从而对专业课程知识教学内容进行确定。同时教师也应当充分利用其现代先进的信息技术进行教学，从而提升教学的效率以及效果，并拓宽教学内容，使教学质量得到有效提升。

(二)现代职业教育课程的理念与模式

1.现代职业教育课程的理念

当前，我国职业教育改革已进入新时代，也蕴含着新的理念。2019年1月国务院所颁布的《国家职业教育改革实施方案》明确指出，完善教育教学相关标准，持续更新并推进专业目录、专业教学标准、课程标准、顶岗实习标准、实训条件建设标准(仪器设备配备规范)建设和在职业院校落地实施课程标准是教材编制、教学实施、学生发展评价等方面的依据，是课程管理的基础，体现着所处时代的课程理念。近期，教育部发布了中等职业学校数学、信息技术、体育与健康、物理、化学、思想政治语文、历史等科目的新版课程标准。新版中等职业学校课程标准蕴含着丰富的新时代职业教育课程新理念。

(1)核心素养导向的整体性课程目标理念

课程目标是学生学习完一门课程之后的发展结果。任何一门课程都应该有合理而明确的目标,因为课程目标实质上是课程设计的方向或指导原则,课程目标规约着课程内容选择的方向,课程目标调节着课程实施的路向,课程目标导引着课程评价的标准。可见,课程目标的理念定向就可能会影响着课程系统中的其他要素。诸门新版课程标准均将核心素养作为课程目标定位的导向和依据,课程目标在于发展学生的核心素养。核心素养是课程育人价值的集中体现,是学生通过课程学习与实践运用而逐步形成的能够适应终身发展和社会发展需要的正确价值观念、必备品格和关键能力。

(2)模块结构统筹的选择性课程内容理念

课程内容是课程中所承载的供学生学习的一系列经验体系。一般来说,在课程标准中需要明确课程的内容是什么、课程内容如何组织等问题,新版中等职业学校课程标准确立了模块结构统筹的选择性课程内容理念。

(3)多种因素协同的创生性课程实施理念

课程实施是将课程方案付诸实践的过程或活动。影响课程实施的因素是多方面的,包括课程方案本身、学校层面的资源和条件、教师的力量、学生的情况和特征、学校所处的外部环境等。有效推进课程实施需要,创造性地协同多方面的因素,新版的中等职业学校课程标准体现了这一理念。

课程实施是一个系统工程,新版课程标准除了强调上述几个方面的因素之外,还涉及多种教学方式、注重实践应用、教师观念转变和能力提升等方面的因素。按照现代课程理论的观点,课程实施存在着忠实取向、相互适应取向和创生取向。课程实施不是一个机械地执行课程的过程,而是一个根据实际情况创生性地协调诸方面因素的过程或活动。职业院校各课程在课程标准的指引下,优化好多种因素,发挥好协同力量,根据学生、学校和课程本身的特点创生性地实施课程。

(4)服务学习需求的多样化课程资源理念

课程资源是有助于课程目标实现的一切素材工具和环境等资源。现代课程理论特别强调广泛挖掘可服务于课程目标达成、有助于推动课程实施的资源，其核心是为了解决学生有效学习的问题。各课程标准对课程资源的关注是多样化的，有一些共同的地方，也有一些突出学科自身特点的资源观。总的意图都是突出以促进学生的学习为中心的思想，满足学生的学习需求，为学生提供适合其个性化学习需求的多样化课程资源。

(5)学业质量保障的发展性课程评价理念

课程评价活动实质上是一种旨在开展课程质量检测与保障的活动，学生学业评价是课程评价的核心内容。因此在课程标准中，一般主要涉及的是学生学业评价方面。如何对职业院校学生的学业进行评价？关注学业质量保障的发展性课程评价成为一种重要的理念。

2.现代职业教育课程的模式

(1)“宽基础、活模块”的课程模式

①实施“宽基础、活模块”课程模式的必要性

随着时代的不断发展，高职院校十分重视对实用性、综合型人才的培养，与此同时，也出现了一些新的教学模式，比较定型的教学模式为“宽基础、活模块”模式。该课程模式主要是将课程结构进行分解，包括基础部分、专业模块。前者主要是设置公共基础课程、专业理论课程及专业技能课程几种课程类型。基础课程的设置也应当以专业需求为出发点，主要注重培养学生今后步入工作岗位后需要具备的基础知识、专业技能等，强调知识面宽泛。后者主要强调专业课程设置的灵活性，由于同一专业可以有多种岗位的划分，每种岗位的人才需求各不相同，因此在不同专业中应当设计若干岗位方向的专业模块，学生可以按照大类专业招生，也可以按照小类专业招生，基础课程的教学可以作为公共课程。学生先学习公共基础课程、基础专业课程等，最后一年步入社会之前，按照学生的兴趣选择的职业方向、市场对劳动者的需求等，进行专业模块的分流学习，这种教学模式具有较高的灵活性以及市场经济适应性。

这种“宽基础、活模块”的课程模式，可以避免相关专业的同质化，有利于不同职业院校更好地服务于当地经济发展，有利于专业特色的提升，也有利于学生个人爱好与发展。

这一课程结构模式能较好地实现课程改革目标多样化的要求。通过基础部分的学习,学生的知识面得到拓展,专业技能得到提升。而专业模块的设计,使职业教育更好地与社会需求对接,提升学生的就业灵活性、就业能力。如厦门海洋职业技术学院,其设有旅游管理这个大的专业,下面又分设旅行社管理、邮轮旅游管理、酒店管理等多个不同的职业方向。每个方向都开设相对宽泛统一的基础课、专业基础课。而在专业课程的设置方面,根据不同的专业方向,又开设对应的各类专业课程,这种教学模式能够使专业教学更具有针对性,能够培养出更适合劳动市场需求的专业人才。总之,每一专业的课程模式应当从社会需求出发进行设置,根据学生的专业选择进行授课,使职业教学更具有行业针对性,培养出更多适合行业发展需求的人才。

②实施“宽基础、活模块”课程模式的原则

第一,满足市场需求的原则。高等职业院校不同于普通高等院校,其课程模式的建设更注重进行市场经济以及职业需求的分析,同时更符合地方经济发展需求,这种特点应当在高等职业院校课程设置中有充分的体现。

第二,“必需、够用”的原则。教学内容应当进行精心挑选设计,注重理论知识联系实践能力的培养。其中基础知识的教学应当遵循“必需、够用”原则,使其更好地为专业课程的教学服务。课时分配方面,保证专业课程教学所需要的基础知识的前提下,对基础教学部分尽量缩短课时,留出更多的专业教学时间。专业课设计应当更具有专业性、灵活性,保证为社会输送的职业人才能够更加适应社会发展需求。

第三,突出实践教学的原则。高职院校对学生实践能力的要求较高,应当重视对学生实践能力的培养,使其能够具备良好的理论联系实际的能力,能够做到灵活运用理论知识指导实践操作,具备较高的职业技能。

第四,整合优化的原则。高职教育的课程结构强调以职业能力培养为中心,以应用性为宗旨,以提升社会适应能力为出发点,因而不强求知识的系统性和完整性,而强调课程开设的整体效应和综合效益,强调在有限的时间内取得最佳的教学效果。为此,进行课程建设应当坚持最优原则进行整合,让基础课、专业课之间能够更好地进行协调、融合。对各类课程的教学内容、顺序、课时等进行合理的设计调整,并开发一些具备较强的综合性的课程,使重复学习时间减少,提升教学效率。

总之,高职院校应当加强当前经济形势、职业需求的分析,不断加强课程建设改革,使课程建设更加完善,更加适应时代需求。

(三)现代职业教育课程的改革开发

1.现代学徒制项目课程的开发

我国职业教育经历了新课程改革后,学校与企业合作开展了新的人才培养方案,也就是现代职业技术教育。现代职业技术教育为社会输送了大量人才,也为社会的经济发展做出了卓越贡献。我国产业在经过调整后,许多企业都进行了转型,技术不断改进升级,校企之间的合作越来越紧密。

(1)根据岗位确定人才的培养目标

项目课程的首要开发环节就是职业岗位分析,主要是应用多个维度和多个层次的调研方案,对社会和市场进行相应的调研,从而获取企业的主要组成形式,并针对某个特定的岗位和岗位员工的需要明确制定相应的培养方案。

(2)整合工作任务,明确项目课程教学

在明确人才培养目标后,教师就要归纳、整合该岗位的工作任务。在职业岗位分析的基础上,教师应根据岗位的工作任务进行相应分析,为了避免岗位任务的形式化,教师应挑选一些具有代表性的工作任务。对于隐含了课本知识的典型工作,教师必须给予相应的指导,让学生提前学习相关知识,顺利完成该任务。另外,教师必须明确该工作过程的所有流程,选取有价值的工作任务,让学生能从实际的工作任务中获取知识和能力。

2.现代职业教育微课程的开发

(1)微课程为不同层次的学生提供有效的学习支架

微课程强调主体是学生,而不是老师,学生在学习的过程中可以发挥主动性，时间可控，内容可控，完全脱离了传统的课堂数学模式。当然。对于教师来说也承担了多重任务，包括内容呈现、学习帮助和课程设计。例如，在“网页设计与制作”微课程中，知识点非常多，有的简单易懂，有的复杂深奥。考虑到中职学生学习能力层次较大，笔者为每一个知识块都制作了一个短小精悍的微课，满足所有学生的不同需求。同时为最后“网页Javaseript脚本”选修内容制作了相对详细的微课，为今后学生探究性学习提供了学习平台，并行进了深入的导向，学生可以根据自己的实际情况来寻找或构建支架来支持学习。

（2）微课程可以因材施教，形成自主学习的资源库

将已有的整块课程资源拆分成一个个小的知识点，用简短的视频作为一个单元，从而形成一个大的信息资源库。学生在这个数据库中可以根据自己的需求进行知识筛选，而且形式可以多样，有理论解析、案例分析、动画演示、情景模拟等，真正地实现因材施教。在这个过程中，微课程资源只是学生学习知识过程中的一个工具而已，学生是学习活动的主导。由于微课制作的视频可以让学生反复观看，这样就可以方便那些在上课过程中反应慢，一时消化不了老师讲课内容的学生学习。可以在家反复观看教学视频，解决了后进生转化的问题。例如，“网页设计与制作”课程是计算机专业的主修课程。学生在学习的过程中，如果依靠课上教师所讲授的知识，这是远远不够的。笔者就学生的学习情况给出相关的微课资源，尤其是针对学习过程中遇到的一些难点和重点，笔者提供一些教学内容以外的微课程，帮助学生更好地、有效地学习。同时还编写相应的校本教材资源，知识拓展库等微课程资源。学生通过查找资料的方法来有效地进行学习。

（3）微课能满足学生对各知识点的个性化学习

学生按照自己的需要来选择性学习，可以帮助他们查漏补缺，还能够帮助他们巩固知识和拓展知识。据调查，如果是微课堂，一般学生最佳的专注时间是10分钟。很多学生在上课45分钟中很难全部时间都集中精

力。因此,通过简短的10分钟微视频的播放,学生能够很清晰地了解知识重点,提高学业水平。例如在“网页设计与制作”微课程中,鉴于学习方法的多样性,内容的复杂性,笔者在为某个知识点录制微课时提供了多种方法,方便学生自己选择合适的方法,同时能拓展学生的学习思维,更深入地掌握知识。从教师的角度来看。微课将传统的教学方法进行了一次革新,改变了传统教学模式、备课方式、课堂教学、课后反思,以及听课、评课模式发生了变化,更有针对性和实效性。微课制作的过程就是教师在实际教学中把发现问题、分析问题和解决问题的过程渗透到微课中。对于学生来说,不仅学会了相应的知识点,同时也慢慢地领悟到了学习方法,逐渐地应用到以后的学习中。对于教师来说,制作微课的过程也是一个教学反思的过程,同时还方便了教师之间教学经验和方法的交流,提高了教学质量。

微课程研究的优势是课程实例简单单一,学习目标明确,时间短。教师从中可以受到很大的启发,将有用的知识内容迁移到自己的教育教学中。同时可以在这种典型具体的实例中实现思维能力的提高,教学水平的提高,有效促进教师的专业成长。

(四)现代职业教育课程改革与高质量发展趋势

1.职业教育课程改革的对策

(1)确立课程开发的研究意识

许多人把课程开发简单地理解为编大纲,编教材,而“编”往往又只是“抄”或“拼凑”。同时,又犯了过于关注操作方法,忽视了理念建设的错误。因此,必须改变课程开发的工作方式,把课程理念研究与课程产品开发结合起来,以创造性的设计思维去完成每一步开发工作,着力树立起课程开发的研究意识,努力形成每个专业乃至每门课程的创新理念。

(2)提高对开发成果的精细化要求

职业教育课程开发只有加强精细化,才能增强对每一个环节的开发意识,才能把笼统的要求细化成最终可执行的教学方案。然而,目前许多院校的课程开发多数情况是未能精细地把握某些关键的开发环节，这就必然影响课程目标功能的实际发挥。要改变这种状况，除了按照精细管理思想要求改变工作态度外，还必须加强对课程开发者的优选，在专家引领下通过课程开发提升教师的分析能力。

(3)加强对课程开发过程的控制

职业院校在课程开发行动之前，要制定详细的课程开发方案，细化课程开发过程，确立每一个环节的质量标准。在课程开发过程中要实施过程控制，努力控制每一个环节的质量。当然，课程开发是一个呈螺旋式的上升过程，情况往往是当教师完成后面的开发步骤后，回过头来才能更好地修改先前完成的步骤。因此，加强对课程开发过程的控制，不能机械地理解为只有按要求完成了一个步骤，之后才能进行下一个步骤，而是要清楚地意识到每一步的质量标准。

(4)建立深度的校企合作机制

课程开发环节和项目体系的建立需要企业专业的深度参与和广泛支持。校企合作项目课程既有模拟项目，也有真实项目。模拟项目只是训练基本职业能力，学生要进一步获得真实的职业能力，还必须依托直接来源于企业的真实项目。模拟项目比较稳定，而真实项目是开放的，二者相互补充，构成了完整的项目体系，形成了学生职业能力发展的完整阶梯。尤其是真实项目，在学生职业能力发展中具有非常重要的价值，是职业教育课程的特色所在，应当努力开发。

(5)创业教育融入课程体系

基于工作过程的课程设计方法，遵循设计导向的现代职业教育指导思想，打破了传统学科系统化的束缚，将学习过程、工作过程与学生的能力和个性发展联系起来，不但重视学生适应工作环境的能力培养，还特别重视构建或参与构建工作环境的能力培养。在课程体系设计中必须贯彻这一理念，而在学习领域中融入创业教育模块是实现这一理念的最佳途径。

总之，在更加科学、系统、精细的层面上构建课程体系，这是职业教育课程改革的重要跨越。相对于以打破学科体系为核心内容的初级阶段来说，实现这一跨越的难度更大，也更具实质性。要实现这一跨越，就必须把课程开发与课程研究结合起来。

2. 现代职业教育课程的高质量发展趋势

（1）现代职业教育课程高质量发展的生成性趋势

长期以来，由于我国的计划经济体制以及与此相应的传统课程管理模式，在课程实施的过程中，教师基本上执行的是一种提前预设好的课程，根据既定的方案来实施。美国约翰·尼莫教授形象地把这种课程称为“罐头课程”。针对“罐头课程”，约翰·尼莫提出了生成课程。生成课程与预设课程不同，它不是教育者预先设计好的、在教育过程中不可改变的僵死的计划，也不是无目的地追随学生的随意的、自发的活动。生成课程是在师生互动中，教师根据对学生的需要、兴趣的观察，然后做出价值判断，从而不断生成课程活动，不断调整教学计划，师生共同建构课程。

（2）现代职业教育课程高质量发展的整合性趋势

实施课程整合是职业教育的必然要求。众所周知，现代社会与以往的农业社会、工业社会有很大的不同，表现在信息成为战略资源，谁掌握并利用好了信息，谁就能获得更大的发展。现代社会的主要特点有：信息产业成为经济发展的主导产业，它是经济的最新增长点，也是最关键的经济增长因素之一；信息网络设施成为世界上每个国家、每个地区的基础设施，就像以往工业社会里修建汽车公路一样的重要和平常；人们的生活、工作和学习越来越离不开信息和信息技术，现代通信让更多人感受到人与人之间的距离越来越短，生活更加便利，生活质量越来越高，人们交流和合作的方式越来越多，信息技术让人们更加意识到一场新的革命已经到来。传统的办学模式及课程已很难适应高速的社会发展形势，现代社会已经到了个性化学习的时代。信息技术的飞速发展，将极大地改变人们的生活方式、工作方式和学习方式。信息技术与教育的结合，特别是与职业教育课程的不断整合，将从根本上改变职业院校传统的教育教学模式，为学习者进行独立思考、主动学习和创新探索从技术上提供了最大的可能性和广阔的空间。在信息化社会里，信息技术将更加支持人们高效率和高智慧的学习，以适应知识量飞速增长和知识更新速度日渐加快的局面，终身学习、可持续发展将成为我们每个人基本的人生态度和生存意识。

(3)现代职业教育课程高质量发展的终身教育性趋势

在不断变化的世界里，一个人拥有一种知识或技能后便可终生享用的观念将成为过去，知识更新对教育的意义从未像今天这样显得紧迫和重要。对于每一个生活在现代社会中的人来说，教育的意义不再只是获得知识，而是要学会怎样学习，从而促进个人的自我发展和自我实现。

终身教育实际上意味着终身学习。终身教育思想提倡教育一体化，注重教育的整体性。终身教育思想倡导者认为，终身教育应是正规教育和非正规教育的总和，即人在其一生中所受到的各种教育和培养的总和。

(4)现代职业教育课程高质量发展的个性化趋势

职业教育课程发展不仅要满足学生全面发展的需要，同时，还要满足学生个性发展的需要，促进学生的全面发展与个性发展的完满结合成为职业教育课程发展的主要价值目标。课程的变化发展是为了应对变化中的技术、社会、经济、政治、国际国内环境等方面的挑战，大多数国家的课程发展都强调社会协同、经济振兴和个人发展方面的目标。

职业教育课程应具有可选择性，要适应每一位学习者，促进学生的个性发展。主体的多样性要求课程设置应该注重发展每一个学生的个性，提供不同的学习经验，帮助学生发展个人的价值观、知识和能力。成功的教育就是人尽其才，就是每一个人都能充分发挥自己的潜能，使其特长得到最大限度的发展。建立课程的选修制度和开发校本课程，是适应学生主体多样性，是学生个性自由发展的必由之路。

(5)现代职业教育课程高质量发展的多样化趋势

随着社会政治、经济、科学的发展和进步，市场经济的繁荣，必然带来社会生产的多样性、社会产业的多样性、社会价值观的多样性以及对人才需要的多样性，再加上学生自身需要的多样性，因此，课程的多样化成为课程发展的必然趋势。

社会的飞速发展需要更多综合素质较高的高素质人才，这种人才的典型特征就是既具有较高的科学素养，又具有较高的人文素养。培养既掌握了扎实的科学知识，又具有创造性的综合型人才，是时代的需要，也是教育应尽的职责。而创新型人才，除了要具备较为广博、深厚的知识与较强的能力，更需要广泛的兴趣、坚强的意志、高尚的品格和丰富的情感。为了培养具有创新精神、全面发展、主动发展的综合型人才，职业教育课程建设应该集中精力构建多元化的课程体系。综合型人才的培养需要多元化、综合化的课程体系，多元化、综合化的课程体系应该在传统的课程体系的基础上注重突破与创新，以“科学与人文相互融合”为特色，文理兼重、理实交融、古今贯通、中外兼容，构建规定性课程、拓展性课程和自主性课程三维课程体系，各课程又以基础性、发展性和超越性为具体课程目标。

（6）现代职业教育课程高质量发展的综合化趋势

课程的综合化是课程结构发展的重要趋势。课程的综合通常是围绕主题展开的，将相似学科的知识组合成一个新的学科领域。当代科学技术突飞猛进，使学科发展呈现综合化的态势，狭窄的专业划分已不适应当今科学发展的需要，不利于解决需要各门学科协同合作才能解决的某些实际问题。加强文理学科的相互渗透与融合成为职业教育教学内容与课程体系改革的一个主要趋势。课程综合的思想与学科割裂的矛盾，知识创新、增长的无限与学生有限的学习时间的矛盾日益突出，要求学生从整体上认识、探究、把握外部世界的要求更加迫切。

职业教育课程发展体现综合化的一个具体表现就是出现了科学与人文相结合的课程文化观。科学主义是科学文化发挥到极致的表现，它的核心是“科学崇拜”和“工具理性”。“工具理性”是由技术和理性结合而成，是理性观念演变而成的最新成果，故又称为“技术理性”。科学主义对教育的影响是深远的，当今教育所追求的“能力本位”“行为目标”等，实际上就是科学的“工具理性”的反映。

随着科学主义教育与人本主义教育逐步走向融合，课程文化也开始摆脱原有视野的局限，进入了新的视野中，于是，科学人文性课程文化观便确立了。科学人文性就是以建立在科学理性之上的人文精神来规范、统领科学，从而实现科学与人文彼此联系、相互包容，最终达到两者协调统一，形成你中有我、我中有你的浑然一体的关系。科学人文课程是科学主义课程与人本主义课程整合建构的课程，它以科学为基础，以人自身的完善和解放为最高目的，将事实与价值、量与质、工具理性与价值理性相结合，强调科学素质与人文修养的辩证统一，致力于科学精神和人文精神的沟通与融合，倡导科学的人道主义。职业教育要树立为地方经济建设和社会发展服务的思想，科学、合理定位专业培养目标，从实际出发，根据“宽基础，大口径，淡化专业，突出素质和能力”的改革思路，修订课程计划，优化课程体系。优化职业教育课程体系主要体现在：调整、合并、重组一些课程，增设一些拓宽基础和专业口径，反映学科前沿、体现素质教育的综合性的课程体系。

二、现代职业教育教学方法创新

（一）现代职业教育的教学方法概述

教学方法是为了完成教学任务，在教师的“教”与学生的“学”互动中采取的方式、手段等。教学方法的选择要依据一定的教学理论、原则及教学标准和大纲，与教学内容和教学效果等有紧密的联系。

1.职业教育教学方法

目前，我国各职业学校大多数采用的是教师全盘讲解，学生被动接受的教学模式，这种方式只体现教师的主导地位，从而达不到充分调动学生学习积极性的目的。

（1）行为导向教学

在教师的引导下，学生积极主动地参与学习的全过程。作为学习主体的学生，只有全身心投入教学活动中，才能使之在得到全面知识和智能发展的同时，获得自身素质的充分提高。行为导向教学要求做到：学生自己学和动手做，老师是向导，引导学生主动学习，即在教学中老师布置任务，并指导学生自觉完成任务，前提是尽可能给学生提供广阔的参与空间。

(2)启发式教学

教师在教学中要尽量避免不管学生是否理解，整堂课由教师单独讲解完成的状况，这是一种灌输式教学方法，学生不易接受知识，而应适时启发学生，让学生有想象的空间、思索的余地，并在思索中掌握应学到的知识：应全面启发学生主动探讨知识的能力，培养学生自我探索和创造的意识。

(3)项目导向式教学

项目导向教学法是以学生为中心的，按照岗位要求设置项目。学生在教师的指导下参加项目的设计、实施和评估，从而在其中学到理论知识和专业技能，提高职业的综合素养。这种教学方法集中体现了教育、教学、学习的理论思想，并通过项目把项目自身及教师、学生、教学这四个要素联系起来，取得良好的教学效果。这种教学方法的优势不仅体现在以工作过程代替课程成为教学的中心，打破了传统的教学观念。还体现在根据企业的需求设计项目，能促进校企合作，提高学生的就业能力。教师在设计教学时，要考虑“知识点—项目—模块—任务—问题”这个流程。把岗位工作任务和教学目标联系起来，设计教学项目。在教学项目中，不仅要重视项目的设计、布置和开展，还要注意项目设计之前的需求分析和项目完成后的报告和评价。

(4)情景模拟法教学

情景模拟法是指学生在教师的指导下，在特定的情景中扮演某一角色，通过完成相应的岗位工作进行技能训练，从而获得相应的职业知识和能力。情景模拟法的课堂学习氛围更加活跃，其有很强的操作性和实践性。不仅能促进学生把所学的理论知识应用于工作实践中，从而巩固理论知识，提高实践能力，还能使学生的个人能力和潜能充分展现。在应用这种教学方法，涉及开展教学时，首先要设计符合教学内容的情景，并把学生分组进行讨论，选择好要扮演的角色。角色扮演结束后还要对学生进行评价。

总之，课堂教学应该是老师与学生的一种良性互动过程，教师在教学过程中要不断地研究和探索总结教学经验，扬长避短，采取各种行之有效的措施，充分调动学生的学习积极性，以适应素质教育的需要。

2. 现代职业教育的教学模式

（1）国外职业教育的主要教学模式

①CBE 教学模式

CBE（Competency Based Education）是“以能力培养为中心的教学体系”。其核心是职业能力的培养和发展，其导向是要满足实际的职业或岗位需求，主要采用DACUM（Developinga Curriculum）方法开发课程。加拿大高质量的职业教育是以该课程体系的建立作为其坚实的基础。CBE 模式在一些发达国家中得到了广泛的应用，尤其是在澳大利亚、美国、加拿大和英国等国家中，该模式得到了更深入的研究和推广。我国于20世纪90年代初将CBE 教学模式引入，并在几百所院校中进行了推广实验。

②“双元制”教学模式

“双元制”（Dual System）也可以说属于“合作培养”模式，它主要是由相关的企业与职业院校共同合作来对其进行职业教育的形式，学员们在相关的企业里对其开展职业技能各个方面的培训，但是他们还需要在其他的职业院校里对其开展专业理论和一些普通文化知识的传授和教育。“双元制”是一种能够将企业和学校以及岗位中各个职业的基本实践技能和理论知识等紧密联系起来的职业教育体系。在德国现代工业的发展历程中，“双元制”被认为是最主要且最有效的劳动力人才培养模式，它带动了整个德国职业教育的迅速发展和国家经济的迅速崛起，得到了广大德国教育研究者的推崇和赞誉，并成为国际上受到广泛认可的、以满足企业人才需求为导向的、以职业实践技能为核心的主导思想下的培训模式的典范。

③BTEC教学模式

英国两大专业技术评估机构商业教育委员会(BEC)与技术教育委员会(TEC)共同组成了英国商业与技术教育委员会(BTEC,Business Technology Education Council)。BTEC教学模式以职业教育证书为依据来设置课程并实施教学,分为初、中、高三个等级,共九大类证书。

至今已有一百多个国家中数千所教育教学机构在使用BTEC教学模式。近年来我国有部分职业院校引入了该教学模式并进行教学实验,收到了较为良好的实践效果。BTEC教学模式更突出了职业教育的属性,引入该模式后有效地促进了我国职业教育的内涵建设和发展。

④TAFE教学模式

具有澳大利亚特色的新型现代学徒制度——TAFE(Technical And Further Education)。TAFE教学模式是一种综合性教学模式,它由国家层面作为主导,由相关产业作为强大的推动力,注重与普通教育和高等教育的有机衔接,且具有模块化和多层次等特点。在培训和教学过程中采用学分制,要取得相应等级的资格证书必须修满所对应的学分。TAFE教学模式是完美终身教育理念的体现,它包括其证书制度的完整统一性和其课程模块式结构的鲜明特色,实现了职业教育与普通教育、高等教育的衔接与联通。

(2)国内高职教育主要教学模式

①传统的"教师中心"教学模式

目前,我国职业院校主要还是采用传统的"教师中心"教学模式。该模式是按照学科体系培养人才,教学过程以教师的讲授为主,围绕教师、书本和课堂进行,又称"讲授式"教学模式。该模式有利于发挥教师的作用,有利于学生掌握知识的系统化,但也存在着明显的不足,例如重理论、轻实践,理论与实践相脱节。通过对该模式教学效果的研究调查,结果显示部分学生的收获、满意度不高。随着互联网技术的不断发展,该模式越来越无法满足学生成长和进步的需求。

②“五阶段循环”教学模式

在我国具有典型性和一定影响力的高职教学模式是“五阶段循环”教学模式。

以“能力本位”为核心，立足于中国国情，从经济发展与企业需求出发，以现代科学理论为依据，包括教育学、心理学、教育技术学、课程设计理论等，进行专业设置要以市场调研与职业岗位能力分析为基础，涵盖了培养目标的确定、教学环节的开发、教学的实施和管理以及教学评价的改进等，是一种新型的实践性教学模式，它具有职业教育的特色，它以满足就业需求为核心指导思想，它以提高学生的职业素养、技能水平和培养应用型人才作为最终目标。

③“1+X”制度下高职院校“岗课证赛”相融合的教学模式

“岗课证赛”模式的教学实施目标如下：第一，通过“岗课证赛”教学实践，完善高职院校人才培养方案。专业人才培养方案是职业院校进行人才培养的教学指导文件，用于组织教师开展教研活动，安排教学任务，进行教学考核。人才培养方案体现了院校的办学特色和育人理念，是院校完成人才培养任务的核心依据。应用技术型学历教育与学术型学历教育在人才培养方案的制定上要有清晰的区别。高职院校培养的人才，从知识层面上，是应用技术型人才，属于高等教育类，在课程建设、技能考核上，要面向岗位强调技能水平，有别于学术型学历教育。明确职业教育的教学目标，准确定位，以达到精准施教的目的。第二，通过“岗课证赛”教学实践，调整学生的学习方法。教学内容的改变，也促使学生改变学习习惯，广泛开展第二课堂、空中课堂、学生专业社团等，可以帮助学生补充学习技能。加入第二课堂，同时使用云课堂，通过线上、线下双通道调整学生的学习方法，优化学习路径，学习内容从知识记忆到技能掌握，教师可以向学生提供个性化学习方案，同时使用学分银行，开启学生终身技能学习之路。

“岗课证赛”模式主要有以下几个课程体系：其一，以知识为主线的课程体系。课程体系设置突出培养学生的岗位技能、创新创业能力，尽量减少纯理论课时数。结合多个实际岗位设置多元化理论课程模块、实训课程模块。以培养学生岗位技能为目标，用技能目标管理课程体系，课程体系与证书互通互融。通过设置专业群平台模块课程，一个课程模块涉及多个岗位所需的技能知识，让学生对与专业相关联的岗位有所了解，拓宽学生岗位选择的范围，通用课程模块的学习对口相关岗位获取技能证书，以实现“X”，即岗位技能的培养。其二，书证融通的专业课程。专业课程内容以证书为导向，其核心内容就是学生的岗位技能，学生学习成果就是岗位的上岗能力。去掉单一的教材，编写制作活页教材。改革传统教师个人备课方式，采用多门课程联合备课，共同确定教学进程。课程教学模式采用线上、线下混合式教学模式，慕课、微课、翻转课堂等，非统一化，但是具备同一个数学目标，按照职业技能等级要求，将学历教育课程与职业技能等级证书课程融合互嵌。其三，课程引入技能大赛。建立“国家—省—校—专业群—专业”五层级竞赛机制，以专业群课程体系、专业课程标准、考核评价方式、激励机制等为切入点，将技能大赛竞赛制度、竞赛内容与竞赛机制等与课程教学相融合，在课程教学设计中构建“三考核”的考核机制，即校内课程考核、校外“1+X”考核、校外技能比赛，以激发学生的竞争意识。以教师带比赛的形式，将课程的教学成果转化成竞赛成果。

3. 现代职业教育的教学方法体系的构建

教学方法的改革对于教学过程是十分重要的，教学方法会影响教学过程的每个环节，只有构建合理的教学方法体系，才能有效提高教学质量和教学效率。

(1)现代职业教育教学方法体系的构建环境

①建立在职业教育教学改革的整体背景之下

就目前国内教育教学体系来说，主要涉及的改革内容有：第一，传统职业教育的目的是培养单一的专业型人才，而当前的职业教育目标已经转向培养复合型人才。第二，传统的职业教育的任务是培养学生的认知能力，当前职业教育的任务已经转变为培养学生的职业综合能力。第三，传统的职业教育体系中心内容为学科知识,而当前的职业教育体系中心应转向行为引导。第四,传统职业教育模式下,教师知识单向地在向学生传授知识,当前的职业教育教师已经转向引导型教育。第五,传统职业教育模式下,学生大多是被动地接受教育,当前的职业教育模式下,学生已经开始转向主动地获取知识。第六,传统职业教育的教学手段较为枯燥单一,而当前的职业教育已经开始融入信息技术和多媒体技术。

②建立在现代教育技术的平台之上

随着科技的发展,媒体技术注定会给教育带来巨大的变革。素质教育要求学生必须具备应用计算机处理信息的能力。这给职业教育现代教学方法提出了更高的要求,要求不仅要培养学生能力,还应该注重培养学生的信息意识,让学生学会获取相关信息,处理相关信息。基于此,在开展职业教育的过程中注意将传统教育技术和现代教育技术有机地结合起来,保证可以保质保量地完成教学。

③建立在职业教育教学模式的框架之中

所谓教学模式就是在某种教学环境中,以一定的教学理论作为指导开展教学活动的稳定结构形式。职业教育教学模式的构建标志着职业教育已经走向成熟,还应该充分考虑实际国情形成中国特色的职业教育教学模式,这也是现代教学方法构建的目的。

(2)职业教育教学方法体系的构成

制定合理的教学方法:①根据获取知识的过程选择相应的教学方法,如分析法。②根据获取知识的途径划分相应的教学方法,如演示法。③根据师生互动的方式划分,如谈话法;④以学生为中心的教学方法,如自学法。

如果是应用于校内专业的教学,可以应用单元组合等教学法。

如果是应用于生产实习的教学,可以应用任务分解法等教学方法。

如果是应用于培养学生职业能力的教学,可以应用自我调控教学法等教学方法。

(3)职业教育教学方法体系研究的内容

①针对教学方法与教学内容的研究

在开展教学活动中,教学方法的选择可能会受到教学内容的限制,因此在确定教学方法的时候,应该充分考虑教学方法和教学内容之间的关系:一方面,应该应用现代的观念选择和组织教学内容,及时转变教学思想,更新课程设置,及时注入新的知识;另一方面,如果没有教学方法的创新,教学内容传输质量也不能得到保证。

②针对教学方法与教育技术的研究

在数学教学活动中,教师和学生为了完成教学任务,在教学活动中所应用的教学手段就是教学方法。教学方法主要针对教学活动的某个侧面开展一系列操作,基于此,教育技术的应用可以有效改善教学方法。

③针对教学方法与教学目标的研究

不管是教师,还是学生,在教学和学习的过程都在规定的范围内活动,教育部曾经发文提出培养综合职业能力,促进全面素质教育模式的形成。这样的教育模式对人们谋职和谋生都具有十分重要的意义。

④针对教学方法与学习方法的研究

所有教学方法体系的构建都需要教学方法的支撑,否则是不完整的。当前,关于学习方法的研究成果还较少,仍需要我们不断地投入精力进行研究,目前职业教育的所有教学活动的出发点都是培养学生独立的学习能力,保证可以实现"教是为了不教"的目的,好的教学方法都是为培养学生独立学习的能力而服务的。当前的职业教育方法应该深入地开发学生潜能,保证学生可以不断适应劳动市场的变化。

(4)职业教育现代教学方法体系构建的特色

当前教育背景下所建立的职业教育现代教学方法体系不仅具有一定的实用性,还具有一定的前瞻性。从职业教育的自身特点考虑,国内职业教育现代教学方法体系主要有以下特色:

①价值论

在教育实践的过程中，人不仅是主体，同时也是客体。作为主体时的需求与作为客体时的教育现象的属性之间具有一种较为特殊的关系，就是教育价值。对这种关系进行认识、分析和评价就形成了教育价值观，这种价值观不仅影响教育活动的组织，还会影响到教学内容的确定以及教学方法的选择。

②素质论

素质教育是新时代背景下的教育思想和观念，其发展也时刻影响着职业教育的发展。同时还会在某种程度对现代教学方法体系的构建产生一定的影响。素质教育背景下，教育的开展不仅注重培养基本品质，同时还重点强调学生全面综合发展，这些内容也是教学方法中最为关注的内容。素质教育更加重视人的整体发展水平的提高，开展素质教育的重点也是教会学生如何学习，如何才能使自己充分发展。

③主体论

在开展教学的过程中，学生才是学习的主体，其主要学习任务就是学习前人的经验，发展自身、提高思想。当前的教育学理念更加强调学生的主体，充分发挥教师的引导作用。保证学生可以主动地摄取和加工所学到的知识，继而将所学知识内化为自身的情感和意志。在素质教育背景下，教学过程中应该充分体现学生的主体地位，保证学生的个性可以得到充分的发展，让学生可以积极主动地参与到探索知识的过程中来。

（5）职业教育现代教学方法体系构建的原则

从职业教育教学理论到理论的实践，职业教育现代教学方法的构建都是十分重要的环节，在构建该方法体系的过程中应该遵循以下原则：

①该方法体系必须建立在现代教育技术的平台上

随着科技的发展，信息技术已经给各行业带来了巨大的发展和变革。在信息时代背景下，应用计算机处理生活和工作信息的能力对于当代人来说十分重要，为了具备这种能力，人不仅要学会应用先进的信息技术，还应该强化信息意识，具备对信息的敏感度。保证可以在生活和工作中及时获取有效的信息，应用先进的技术进行加工和处理，得到自己想要的结果。

②该方法体系需要建立应该以职业教育教学模式为约束

有效的教学模式可以极大地促进教学高效开展。另外，教学模式也不是一成不变的，在开展教学的过程中，为了保证教学质量，更是为了保证可以让学生自主地学习知识，应该不断创新教学模式。保证教学模式可以和教学内容、教学方法相互匹配。目前最需要解决的问题就是构建中国特色的职业教育模式。

③该方法体系以职业教育教学改革为背景

实现职业教育培养目标的要求就是不断创新和改革教育教学方法。这种创新并不是要求彻底地摒弃传统的教学体系，更不能以敷衍的态度全部应用传统教学体系开展教学，而是保留传统教学精华的部分，去除糟粕的部分，通过创新，实现更好的效果。目前国内教育机构普遍存在的问题有：专业口径有限。教学过程过于枯燥和单一，教学内容过于陈旧，教学方法得不到创新等。构建现代教学方法体系，可以有效地实现上述内容的变革，从整体上改革教学过程，切实地保证教学质量和教学效果，保证可以培养综合素质较高的复合型人才。

4.现代职业教育教学方法的选择与运用

教学方法在教学过程中是必不可少的，教学方法选择运用得好坏直接关系着教学质量的优劣，在高职院校的教学活动中加强教学方法有效选择与优化组合的运用是提升高职教学活动科学性与有效性的关键，同时也是高职教学优化与改革的必然要求，对于高职教育整体质量与水平的提升有着重要的意义。

(1)如何实现高职教学方法的有效选择

①了解不同教学法的特色与优缺点

要想实现对教学方法的有效选择，首先教师要对不同的教学方法进行全面的了解，不仅要了解教学方法的应用方式，还要充分掌握每一种教学方法的特色。同时，要认识到任何一种教学方法都不可能是万能的，都存在其自身的优点与缺点，因此，教师要对每一种教学方法的优缺点进行分析，并结合教学实际条件与课程教学的需求，对各种教学方法进行科学的比较，权衡每一种教学方法的优缺点，合理选择对教学活动最有利的教学方法。

②明确课堂教学的任务，了解教学内容的特点

教学任务是教学活动所要实现的目标，如果目标不明确，在教学设计与教学方法的选择上就会存在很大的盲目性，无法充分确保教学方法与教学活动相适应，更难以保障教学任务的完成与教学目标的实现。因此，在对教学方法进行选择时应该首先明确课堂教学的任务，以教学任务为依据，选择能够有效实现教学目标的教学方法，此外还要了解教学内容的难点重点、对教学的要求等特征，合理进行教学方法的选择，以确保教学质量。

③把握学生心理特征与能力水平

在教学活动中学生是教学的主体，因此，在选择教学方法时也要充分考虑学生的各方面特征，包括学生的心理特征与能力水平特征，选择教学方法应与学生的能力水平相适应，能够让学生更容易掌握，并把握好学生的心理特点，在充分激发学生对学习的兴趣的同时，帮助学生树立起学习的自信心，从而使教学方法更好地服务教学活动，提升高职学生的学习效率。

④结合教师自身特点，制定个性化的教学方案

教师在教学活动中扮演着传授者、指引者、启发者等多重身份，教师自身的特点也是高职教学的重要影响因素，教师在选择教学方法时，应该对自身的教学特点有所了解，发挥自身的有利因素，合理选择与自身教学特点相适应的教学方法，制定个性化的教学方案，以突出教学的特色，更好地吸引学生，提升教学的效果。

（2）高职教学方法优化组合的运用

在高职教学活动中，教育者应该认识到任何教学方法都有其相应的优

缺点,因此,要想实现良好的教学效果,还应该对不同的教学方法进行优化组合,发挥各种教学方法的长处,并通过多种教学方法的相辅相成,弥补单一教学方法的短板与缺陷。高职教学中,一些教学内容往往要经过几个课时才能完成。仅就课堂教学而言,在教学设计上也要由多个环节组成,不同教学内容、不同课程环节的教学目标以及对于教学方式方法的要求也各不相同,因此,可以此为基础对教学活动进行细化,针对每一教学部分、教学环节的特征,合理地选用最优的教学方法,并将各部分所用教学方法组合在一起,形成最有效的教学方法组合,并充分确保所选用的教学方法能够充分发挥出其优势,从而达到最佳的教学效果。

在教学方法优化组合的运用过程中,还要注意不同教学方法的衔接,保障教学活动的流畅性。同时,还要明确教学方法是为教学活动而服务的,不能为了追求新颖的教学方法组合而忽略了与教学内容、课程性质的适应性。教学方法优化组合的运用还要求教师要对自身的教学能力素质进行不断提升,要能够有效地驾驭所选用的教学方法,并能够充分发挥其优势从而促进教学质量提升。

高职教学方法有效选择及优化组合的良好运用,是高职院校提升自身教育教学水平,促进教学优化改革的重要途径。高职教育工作者应该加强对教学方法有效选择及优化组合策略的研究,结合高职教学的实际情况,合理地选择教学方法,并通过不同教学方法组合的优势互补,充分提高教学质量,进而提升高职教育人才培养的效果。

(二)当前职业教育教学方法改革创新的依据

信息技术的发展,互联网络的普及和人工智能、大数据技术的成熟,为教育信息化发展创造了条件。当前职业教育教学方法改革是各种新技术发展的产物,也是智能时代社会经济发展的必然需求,它的发展更是由“数字原住民”一代的青年学生的喜好决定的。

1.新技术的迅猛发展为职业教育教学方法改革创新创造了条件

近年来,互联网、人工智能、大数据等新技术迅猛发展,不仅改变了社会的生产模式、协作方式,也极大地改变了人们的生活方式和行为习惯,甚至改变了社会组织管理模式。伴随着5G网络技术的发展,互联网,特别是移动互联网已经成为当今社会人们学习、工作和生活的重要组成部分,借力信息技术的普及,网络化、数字化、个性化和终身化的教育模式成为一种可能,也必定成为信息时代教育的特征。新技术层出不穷,也为教学改革提供了大量的新工具,用好这些新工具就能极大地提高教学的效率和效果,提升办学的质量。所以技术发展和社会环境的变迁都为职业教育教学方法的改革创新创造了条件。

2.新时代的人才需求决定了职业教育教学方法改革创新的紧迫性

国务院2017年发布的《新一代人工智能发展规划》强调发展智能教育,主动应对新技术浪潮带来的新机遇和新挑战。按照职业教育理论研究者徐国庆的说法,建立在物联网技术和大数据技术之上的智能化生产将表现出工作过程去分工化、人才结构去分层化、技能操作高端化、工作方式研究化、服务与生产一体化的特点。这些特点决定了智能化生产体系需要高度复合型的人才,这是对人才培养提出的新的要求。

现代职业教育不仅要关注学生获得的知识,更要关注学生获得的学习能力;既要培养学生从事岗位工作的能力,更要培养学生职业发展的能力;既要培养学生具备跨领域的学科知识和过硬的技术技能,还要培养学生具备技术创新的能力。职业教育,无论从教学内容到教学模式以及教学的组织形式,都需要进行深刻的变革,以实现高度复合型人才培养的目标,适应智能时代社会经济发展的需要。

3.当代年轻人的喜好决定了职业教育教学方法改革的发展方向

如果说2000年以后出生的孩子被称为"网络原住民",那么2010年以后出生的孩子就应该被称为"数字原住民",他们出生在信息技术与网络设备普及的时代,他们本能、自觉地运用信息技术工具,对数字产品和服务具有很强的沉浸性、融入性和依赖性,能自发参与并快速适应信息技术变革。作为"数字原住民"的当代学生,他们热爱技术、熟谙技术,崇尚定制化教学，他们获取的信息是大量的、共享的、生动的、缺乏筛选的。在查阅与学习相关的信息时，他们经常会同时进行软件聊天、收发邮件、浏览微博等活动，多任务操作、可视化学习和互动式交流成为他们喜爱的学习形式。

要实现学生学习能力的培养、职业发展能力的培养和职业素质的提升的现代人才培养目标，无不要求充分调动学生学习的主动性和积极性，按著名教育家叶澜教授的说法，要让课堂焕发活力。这就要求要贯彻以人为本的教育理念，教学设计以学生为中心，从学生感兴趣的话题切入教学，以学生喜欢的方式开展教学，在学生能够接受的情景下实施教学，并且在教学中构建平等、合作的师生关系，把教学活动转变成一场探索活动，充分调动和激发学生的好奇心、主动性和创新性，实现教学相长，提高人才培养的质量。

伴随着智能技术的发展，人本主义发展理念的指导下，职业教育教学方法改革必定会与时俱进地蓬勃开展。

（三）职业教育的教学方法改革创新趋势

在科学技术高度发达的今天，社会发展步伐日益加快，新事物层出不穷，科技发展带来的不仅是新的生产模式、新的生活方式，也悄然改变着产业的构成、职业的形成。20年前互联网刚刚进入我们的生活，没有人能够预见到今天的发展，更没有人能够预料到手机可以取代电视。10年前我们同样没有能够料想到今天手机支付，就如今天我们无法预料未来一样。科技发展带来了未来发展的极大的不确定性，所以今天的教育要符合网络化、数字化、个性化、终身化的新要求，既要注重知识的传授，更要注重学习能力的培养；既要注重胜任某种职业的能力，更要注重职业发展的能力。在高度分工协作的今天，既要培养做事的能力，更要培养与人协作的能力。这就促使人们努力发展更加适应实际需求的教育和职业技能培训，增强多样化和灵活性，以适应快速变化的需求。这意味着要确保个人具有更强的适应能力，能够最有效地掌握和应用职业适应能力。

1.新技术助力传统讲授法,提升教学效果

讲授法一直是教学史上最主要的教学方法,即使今天出现了许多结合了现代化教学手段的新颖教学方法,如演示法、实验法等,讲授法依然是无可取代的重要的教学方法,是学校教育中既经济又有效,并且是最常用的教学方法。运用讲授法,教师可以通过合乎逻辑的分析和论证,生动形象的陈述和描绘,启发诱导性的设疑和解疑,使学生在较短的时间内获得较为全面系统的知识。在实际的教学中,讲授法又可以具体表现为讲述、讲解、讲读、讲演等不同形式,这些形式又各有自己的特点,在实际使用中可以充分结合教学内容的特点和教学对象的具体情况,选择合适的方式实施教学。

(1)充分利用新技术,武装传统讲授法

要打破讲授法照本宣科、面面俱到、满堂灌的局面,就应充分利用多媒体、互联网、大数据等新技术,变革传统讲授法,赋予其新的内涵。对教学内容进行重新组织和梳理,将学生置于现实生活的矛盾冲突中,激发学生学习的兴趣,引导学生积极思考;认真研究学生的学习基础,将新知识与学生已有的知识和能力建立联系,方便学生建构知识,减轻学生学习负担;用形象生动的故事,激发学生的积极情感,提高学生的学习体验;充分利用多媒体技术,在传统讲授法基础上增加声效、画面、动作或视频,突破时空的限制,增加教学的场景化,将抽象概念具体化、形象化,方便学生理解和内化;将知识内容情节化,与学生形成情感互动等。总之,用新技术来增加传统讲授法的形式,丰富传统讲授法的内容,增加吸引力,提高学生学习的积极性。

(2)与其他教学方法有机整合,有效发挥讲授法的作用

讲授法在传播概念性知识方面具有优势,但是在课堂的互动性、激发学生的主动学习方面存在不足。可以通过与其他教学方法的结合来取长补短,更好地发挥讲授法的作用。如互动式讲授法,就是把主动学习、小组学习及课堂评价与讲授融为一体的教学方法。互动式讲授法强调学生

参与学习过程，注重学生已有的知识与能力水平，通过师生、生生之间的互动激发学生学习的兴趣和主动性，同时适时地进行评价，可以让学生及时了解自己学习的情况，从而提高学习的积极性。讲授法可以与发现法、阅读法、活动法等多种教学方法进行有机结合，来提高课堂教学效果。

俗话说“教学有法、教无定法、贵在得法”，传统讲授法在现代教育技术的武装下，与其他教学方法有机整合、灵活运用，就可以避免学生机械地学习，在现代教育教学改革中发挥重要作用。

2. 讨论式教学法，提升创新能力

讨论式教学法（problem—based learning，简称 PBL）是在教师指导下，学生以班级或小组为单位，围绕某一主题各抒己见，通过讨论或辩论活动，获得知识或巩固知识的一种教学方法。讨论式教学法既是学习新知识、巩固已有知识的方法，也是提高学生思维能力的方法。讨论式教学法的优点在于，可以培养学生的合作精神，学生互相启发、集思广益、取长补短，加深对学习内容的思考和理解，有助于学生思维能力的培养。另外讨论式教学法还有助于提高学生的表达能力，有助于学生综合能力的培养。

PBL 教学法又称基于问题的学习的讨论式教学，是 1969 年美国神经病学教授 Howard Barrows 创建的教学方法，此后不断得到丰富和发展，现已被应用到多个学科领域。它是在传统讨论法基础上发展起来的，除了具有讨论法的优势之外，还可以有效地培养学生的自主学习能力。

PBL 教学法建立在建构主义学习理论基础上。建构主义认为，学习不是由教师把知识简单地传授给学生，而是学生自己建构知识的过程；学生不是简单被动地接收信息，而是主动地建构知识的意义，这种建构是无法由他人来代替的；学习是一个动态过程，是在学生和教师互动的过程中完成的。所以 PBL 教学法强调协作与交流，在交流过程中每个学生的思维成果分享给整个小组，可以扩大学生的思维广度。PBL 教学法应以学生为中心，学习在真实的问题情境中进行，可以充分调动学生学习的积极性和主动性，有效地实现新知识的意义构建。

实施PBL教学法,教师由传统的知识传授者转变为学习活动的主持者与促进者。PBL教学法通过把学生置身于结构不良的、真实的或接近真实的问题情境中,培养其建构知识、解决问题、小组合作、自主学习等能力,并激发学生学习的内在动机。职业教育中将广泛使用PBL教学法来着力提升人才的创新能力。

3.案例教学法,加速工作经验的积累

案例教学法又称为以案例为基础的学习(case—based learning,简称CBL),也叫实例教学法或个案教学法,是PBL的一个分支,也是建立在建构主义理论基础上的。现代意义的案例教学法由美国哈佛法学院前院长克里斯托弗·哥伦布·朗代尔(C.C.Langdel1)于1870年首创,开始用于法学教育中,后来被广泛用于其他学科的教学,深受学生的欢迎,现在使用更为普遍,尤其在商科教学中。

案例教学法可以界定为教师以具有鲜明代表性的案例为学生创设问题情境,引导学生通过对案例进行分析讨论,在情境中掌握理论知识总结规律,并创造性地将知识与实践相结合,找到更多的实际生活范例或提出解决实际问题的思路与方法。

实施案例教学法时要关注两个方面,一是案例的设计非常关键,案例质量的高低是实施案例教学的前提,直接影响教学的效果。案例设计需要考虑针对性和启发性,针对性是指案例设计要符合教学内容的要求,从教学目标出发,与教学内容有机结合,服务于教学需要。案例的启发性是指能够激发学生的兴趣,引导学生思考。二是在实施过程中,要充分展示案例教学的情境性、主体性、互动性、实践性和问题性的特点。

总之,案例教学法的针对性更强,能有效利用时间、聚焦问题,适合针对应用课程、有一定理论基础的学生实施,非常有利于学生工作经验的积累,相信在现代职业教育改革中具有充分的发展空间。

4.互动式教学法,促进教学相长

互动式教学法最早起源于“案例教学法”,后经发展将一系列强调师生间互动的教学方法共同归纳为互动式教学法。

互动式教学法具有以下三个主要特点：一是注重师生角色的平等性。互动式教学法充分开发学生在教学活动中的主体地位，培养学生质疑精神和问题意识，鼓励学生提问、发言，改变学生被动学习的状态，树立为自己学习、终身学习的理念。二是注重教学情境的实践性。互动式教学法认为纸上谈兵并不能使学生产生深层的理解，要使书本上抽象的符号和文字在实践中被学生内化和吸收，从而在生活中能够进行合理的迁移和运用，完成教育现代化所要求的培养实用型人才的教育目标。三是强调合作性。互动式教学法提倡教学主体之间的合作。在教学过程中，教师作为合作者，可以通过一个案例或者一个问题引起大家的思考和讨论，也可以组织小组合作共同解决某一个问题；学生作为合作者，在小组里、班级里贡献自己的力量。个人的观点、创意，都可能给别人一个新的启发；学习问题的探讨、学习资源的共享、学习任务的协作完成，每个人都在为完善知识体系做贡献，同时在思维的碰撞中互相影响，在已有的基础上建构新的知识体系。

互动式教学法是对当代多种教育学和心理学理论的继承和发展，融合了建构主义理论、认知理论、人本主义理论和交往行为理论等多种理论，结合了现代网络技术和多媒体技术，必定会在今后的职业教育改革浪潮中发挥重要作用。

总之，今天的教育不仅关注学生知识的获得，更关注学生能力的培养，独立解决问题的能力、创新能力，特别是自学能力的培养；今天的教育不仅关注学生对当前社会的适应，更关注学生未来的发展。所以现代教育一定要注重发挥学生的积极性和主动性，激发学生学习的兴趣和创新能力。任何一种教学方法都有其优点，也有其局限性，各种教学方法是相互联系、相互渗透、相互转化的。